首都圏版⑲　最新入試に対応！家庭学習に最適の問題集!!

東京都市大学
付属小学

JN126630

2024 年度版　過去問題集

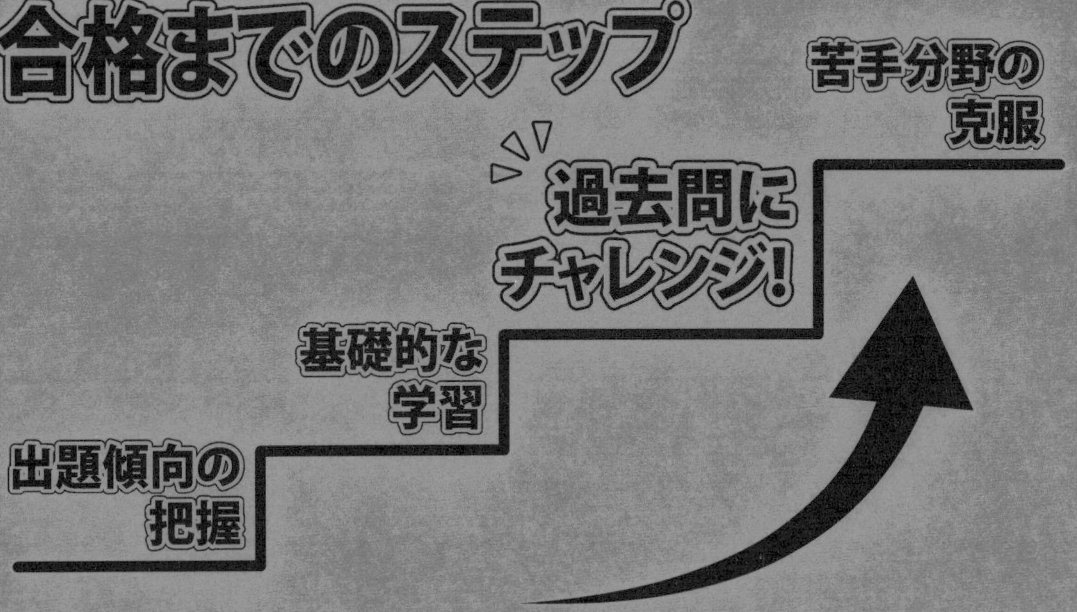

2021～2023年度
過去問題を掲載

日本学習図書　ニチガク

ニチガク式学習支援!!

日本学習図書（ニチガク）

ニチガクの家庭学習支援

Web学習サポートサービス

こんなこと…ありませんか？

「ニチガクの問題集…買ったはいいけど、、、
この問題の教え方がわからない（汗）」

メールでお悩み解決します！

☆ ホームページ内の専用フォームで必要事項を入力！

☆ 教え方に困っているニチガクの問題を教えてください！

☆ 確認終了後、具体的な指導方法をメールでご返信！

☆ 全国どこでも！ スマホでも！ ぜひご活用ください！

＜質問回答例＞

学習のポイント

推理分野の学習では、後の学習に活きる思考力を養うことができます。ご家庭で指導する場合にも、テクニックにたよらず、保護者の方が先に基本的な考え方を理解した上で、お子さまによく考えさせることを大切にして指導してください。

Q.「お子さまによく考えさせることを大切にして指導してください」と学習のポイントにありますが、考える習慣をつけさせるためには、具体的にどのようにしたらいいですか？

A. お子さまが考える時間を持てるように、質問の仕方と、タイミングに工夫をしてみてください。
たとえば、「答えはあっているけど、どうやってその答えを見つけたの」「答えは○○なんだけど、どうしてだと思う？」という感じです。はじめのうちは、「必ず 30 秒考えてから手を動かす」などのルールを決める方法もおすすめです。

まずは、ホームページへアクセスしてください!!

http://www.nichigaku.jp 日本学習図書 検索

目指せ！合格！ 家庭学習ガイド
東京都市大学付属小学校

ペーパー　絵画　行動観察　保護者面接

入試情報

募集人数：男女 76 名（内部進学者約 10 名を含む）
応募者数：男子 392 名　女子 197 名
出題形態：ペーパー、ノンペーパー
面　　接：保護者面接
出題領域：ペーパー（お話の記憶、図形、推理、巧緻性、比較、常識）、絵画、行動観察

入試対策

当校の入学試験は、例年 11 月３日・４日に実施され、希望の試験日を指定できる日程でしたが、2023 年度入試は、試験日が追加され 11 月２日～４日という日程になりました（試験日の指定可）。
試験は、ペーパーテスト、絵画、行動観察、保護者面接という形で行われます。ここ数年、ペーパーテストの出題傾向に大きな変化はありません。分野が幅広い分、取り組みにくいと考えがちですが、大きな変化がないので対策はとりやすいといえるでしょう。まずは、バランスよく基礎的な力を養うことから始めてください。基礎が安定してきたら、それに加えて、ひねりのある問題にも対応できる応用力を身に付けることをおすすめします。
行動観察は、お友だちと協力する問題が特徴的です。ペーパーテストの対策に加え、初対面のお友だちとも積極的にコミュニケーションをとれるようにしておきましょう。その他にも、運動、ゲームが実施されています。それぞれ基本的な課題が中心なので、当校の試験に備えてしっかりと対策をとらなければならないという試験ではありませんが、保護者の方はどんな課題が行われ、何を観られているのかを理解しておくようにしましょう。

- ペーパーテストは、お話の記憶、図形、推理、巧緻性、比較、常識などから出題され、時間は 20 ～ 25 分程度です。基礎的な力がしっかりと身に付いていれば充分に対応できる問題が大半です。

- 同じ問題の中でも、難易度が違ったり、最後の問題が難しかったりと、少しひねった出題方法が特徴です。きちんと対応できる応用力も身に付けておきましょう。

- ペーパーテスト重視と考えられがちですが、行動観察にも重点が置かれています。ペーパーテストで高得点だったにも関わらず、行動観察の振る舞い（評価）によって不合格になることもあります。基本的な課題ではありますが、気を抜かないようにしましょう。

- 当校では、絵画や制作の最中にテスターから質問されることがあります。答える時は、相手の目を見て、自信を持って答えられるようにしましょう。

「東京都市大学付属小学校」について

〈合格のためのアドバイス〉

近年、系列中学校のレベルが上がってきたことや外部への進学実績が好調なことから、人気が高い学校といえます。

ペーパーテストの特徴は、出題分野と難易度の幅が広いことです。まずは、基礎的な問題を解く力をしっかりと身に付けてから、応用問題に取り組むようにしてください。

当校を受験される方には、体験を通した学習をおすすめします。それは、当校では、「からだ全体で学ぶ」をコンセプトにしているからです。その目的は、ただ知識を得るだけでなく、時間をかけて観察したり、失敗を通して「なぜだろう」と原因を追及したりすることで、自ら考えて学び、協力し合いながら達成感・充実感を得ることにあります。この考え方は、入学試験でも一貫しています。家庭学習においても、失敗を恐れずに挑戦して体験学習を重ね、自分で考える時間などを取り入れるようにしていきましょう。

行動観察においては、特別な対策を必要とする課題はありません。基本的なことができていれば充分に対応できるものばかりです。

また、保護者面接はお子さまの試験中に実施されました。内容は、志望理由に始まり、当校についての印象、子育てに関する質問などでした。保護者としてのしっかりとした方針を持って子育てをしていれば特に問題ありません。ご自身の子育てに自信を持って、面接に臨みましょう。

〈2023年度選考〉

- ●ペーパー
- ●絵画
- ●行動観察
- ●保護者面接（考査日に実施）

◇過去の応募状況

2023年度	男子392名	女子197名
2022年度	男子413名	女子215名
2021年度	男子316名	女子198名

入試のチェックポイント

◇受験番号は…「願書受付順」

◇生まれ月の考慮…「あり（若干）」

〈本書掲載分以外の過去問題〉

- ◆推理：シーソーが釣り合うために載せるくだものを選ぶ。［2020年度］
- ◆図形：折り紙を切り取って広げた時の形を選ぶ。［2019年度］
- ◆数量：２つ選んで数を同じにする。［2019年度］
- ◆言語：しりとりをする時、つながるような絵を選ぶ。［2020年度］

東京都市大学付属小学校
過去問題集

〈はじめに〉

現在、少子化が叫ばれているにもかかわらず、私立・国立小学校の入学試験には一定の応募者があります。入試は、ただやみくもに学習するだけでは成果を得ることはできません。志望校の過去における出題傾向を研究・把握した上で、練習を進めていくこと、試験までに志願者の不得意分野を克服していくことが必須条件です。そこで、本問題集は小学校を受験される方々に、志望校の出題傾向をより詳しく知って頂くために、出題頻度の高い問題を結集いたしました。最新のデータを含む精選された過去問題集で実力をお付けください。

また、志望校の選択には弊社発行の「**2024年度版　首都圏・東日本　国立・私立小学校　進学のてびき（５月中旬刊行予定）**」をぜひ参考になさってください。

〈本書ご使用方法〉

◆出題者は出題前に一度問題を通読し、出題内容などを把握した上で、〈 準　備 〉の欄に表記してあるものを用意してから始めてください。
◆お子さまに絵の頁を渡し、出題者が問題文を読む形式で出題してください。問題を読んだ後で、絵の頁を渡す問題もありますのでご注意ください。
◆「分野」は、問題の分野を表しています。弊社の問題集の分野に対応していますので、復習の際の目安にお役立てください。
◆一部の描画や工作、常識等の問題については、解答が省略されているものがあります。お子さまの答えが成り立つか、出題者が各自でご判断ください。
◆〈 時　間 〉につきましては、目安とお考えください。
◆本文右端の［○年度］は、問題の出題年度です。［2023年度］は、「2022年の秋に行われた2023年度入学志望者向けの考査で出題された問題」になります。
◆学習のポイントは、指導の際にご参考にしてください。
◆【おすすめ問題集】は各問題の基礎力養成や実力アップにご使用ください。

〈本書ご使用にあたっての注意点〉

◆文中に **この問題の絵は縦に使用してください。** と記載してある問題の絵は縦にしてお使いください。
◆〈 準　備 〉の欄で、クレヨン・クーピーペンと表記してある場合は12色程度のものを、画用紙と表記してある場合は白い画用紙をご用意ください。
◆文中に **この問題の絵はありません。** と記載してある問題には絵の頁がありませんので、ご注意ください。なお、問題の絵の右上にある番号が連番でなくても、中央下の頁番号が連番の場合は落丁ではありません。
下記一覧表の●が付いている問題は絵がありません。

問題１	問題２	問題３	問題４	問題５	問題６	問題７	問題８	問題９	問題10
問題11	問題12	問題13	問題14	問題15	問題16	問題17	問題18	問題19	問題20
	●		●	●					
問題21	問題22	問題23	問題24	問題25	問題26	問題27	問題28	問題29	問題30
						●	●	●	●
問題31	問題32	問題33	問題34	問題35	問題36	問題37	問題38	問題39	問題40
●									●

㊕ 先輩ママたちの声！

◆実際に受験をされた方からのアドバイスです。
ぜひ参考にしてください。

東京都市大学付属小学校

・試験当日に保護者面接があるので、親子ともに緊張していましたが、先生方がやさしく接してくれたので、緊張がほぐれました。

・ペーパーテストが重要視されているように感じるので、過去問を利用してしっかり対策をとっておくことをおすすめします。

・年々入学するのが難しくなっているようです。ペーパーテストでは基礎をしっかりおさえていないと合格は難しいと思いました。

・さまざまな分野から出題されるペーパーテストに加え、運動、制作、面接も課されることから、子どもの総合的な力を評価しているのだと思いました。受験されるのであれば、きちんと対策をとっておいた方がよいと思います。

・出題傾向がはっきりしているので、対策はしやすいと思います。短い解答時間の中で、できる問題を確実にやりきる練習を重ねるとおくとよいでしょう。

・制作の途中でテスターの方から話しかけられた際、言葉に詰まってしまったようです。作業をしている時でも、受け答えができるように、日頃から社会性を意識した生活を送ることをおすすめします。

・面接で「学校に来られましたか」と聞かれ、「コロナの影響で行けませんでした」と答えると、「昨年は来られましたか」と聞かれました。こうした状況の中ですが、機会を見つけて学校見学などには行っておいた方がよさそうです。

◎学習効果を上げるため、前掲の「家庭学習ガイド」及び「合格のためのアドバイス」をお読みになり、各校が実施する入試の出題傾向を、よく把握した上で問題に取り組んでください。
※冒頭の「本書のご使用方法」「ご使用にあたっての注意点」も併せてご覧ください。

2023年度の最新入試問題

問題1　分野：お話の記憶

〈準備〉　鉛筆

〈問題〉　今からお話をしますので、よく聞いて後の質問に答えてください。

朝から汗が出るほど暑い１日が始まりました。でも、キツネさんは暑さなど気になりません。今日は、お友だちのリスさんとタヌキさんとクマさんと一緒に、動物村の七夕の飾りを作る日だからです。キツネさんはハサミやのり、糸などを用意して待っていると、最初にクマさんがクレヨンを持ってやってきました。まもなく、タヌキさんとリスさんも、折り紙を持ってやってきました。そして、色紙で短冊を作り、それぞれの願い事を書きました。「タヌキさん、どんな願い事を書いたの？」とリスさんが聞きました。「僕は背が低いので、背が高くなりますように、それに速く走れるようになりたいのでそのことと、それに強くなれますように、と３枚も書いちゃったよ。リスさんはなんて書いたの？」と聞くと、リスさんは「私は、ミルクが嫌いで飲めないから、飲めるようにと書いたの。」と言いました。すると、キツネさんが、「私も、ミルクが嫌いだから、力もちになるのに好き嫌いをしないで飲めるようになりますようにと書いたよ」と言いました。するとクマさんが、「書くだけじゃなく、飲む努力をしなくちゃね」と言いました。七夕の飾りを作っていると、ますます暑くなってきたので、クマさんは、冷たい水を３杯も飲みました。タヌキさんは２杯、キツネさんとリスさんはコップの半分を飲みました。ひと休みしていると、キツネさんのお母さんが、クッキーを作っておやつに出してくれました。クマさんは５枚、リスさんは３枚、タヌキさんとキツネさんは４枚ずつ食べました。

①七夕の飾りを作った動物を、左上から探して○をつけてください。
②クマさんとタヌキさんが飲んだ水を合わせると何杯になりますか。その数だけ右上のコップに○をつけてください。
③リスさんとタヌキさんが食べたクッキーの数を合わせるといくつになりますか。左下に○で書いてください。
④１番多く願い事を書いた動物を右下から探して、その数だけ下の四角に○で書いてください。

〈時間〉　40秒

〈解答〉　①キツネ・クマ・リス・タヌキ　②○５つ　③○７つ　④タヌキ・○３つ

弊社の問題集は、同封の注文書の他に、
ホームページからでもお買い求めいただくことができます。
右のQRコードからご覧ください。
（東京都市大学付属小学校おすすめ問題集のページです。）

学習のポイント

お話の文量としては短い文章に属する問題です。お話の記憶に関して申し上げれば、読み聞かせの量に比例し、お話の内容が経験した体験に近ければ近いほど、記憶に残りやすくなると言われています。ですから、お話の記憶の力を伸ばすためには、問題をこなす量を増やすこともさることながら、読み聞かせの量、体験を増やすことも重要であることを覚えておいてください。この内容ですと、七夕の笹飾りを作るお話ですが、お子さまにその経験があれば、そのときのことを思い出し、なぞらえて覚えることができます。
また、お話の最後の方に、動物と飲んだ水を結びつける内容が出てきます。保護者の方は、この部分についてお子さまがしっかりと記憶できているかを確認しましょう。と申し上げるのも、お話の最後になるにつれ、お子さまの集中力は下がります。この集中力が下がっている状態のところで複雑な内容が出てきているため、この箇所の記憶がしっかりできているかどうかで、お子さまの集中力を測ることができます。問題の正誤も気になると思いますが、このようなことも学習の参考にしてください。

【おすすめ問題集】

1話5分の読み聞かせお話集①・②、お話の記憶 初級編・中級編・上級編、
Ｊｒ・ウォッチャー19「お話の記憶」

問題２　分野：お話の記憶

〈準 備〉　鉛筆

〈問 題〉　今からお話をしますので、よく聞いて後の質問に答えてください。

夏休みのある日、お父さんとお母さんとおじいさんとお兄さんと僕の５人で、１晩泊まりでキャンプに行きました。テントは、川の近くに張ることにしました。そして、着いた日の夜は、バーベキューをしました。お兄さんとおじいさんがお肉を焼き、お母さんとお父さんはお魚や野菜を焼きました。その日のキャンプ村は、たくさんの人たちがいました。翌日、川上の方へ行ってみると、滝がありました。滝の近くには、小さな魚がたくさん泳いでいました。滝から少し離れた岩場で、石を動かすと隠れているカニが出てきました。カニを捕まえて楽しんでいたその時、後ろから強い風が吹いてきて、僕の帽子が川に落ちてしまいました。すると、お父さんが、持っていた１番長い釣り竿で帽子を引っかけて取ってくれたので、流されずにすみました。カニを捕まえたのは僕が３匹、お兄さんが４匹、おじいさんが３匹、お母さんが１匹、お父さんも１匹捕まえました。次は、場所を変えてみんなで釣りをしました。お父さんは５匹、おじいさんは６匹釣りました。僕は１匹、お兄さんは２匹釣りました。とても楽しい夏休みの思い出になりました。また来年も行きたいです。

①１番長い釣り竿を持っていたのは誰ですか。左上の絵から探して○をつけてください。
②カニを１番多く捕まえたのは誰ですか。右上の四角から探して○をつけてください。
③飛ばされた帽子を、何で取りましたか。左下の絵から探して○をつけてください。
④それぞれが釣った魚の数を右下の四角に○で書いてください。

〈時 間〉　１分

〈解 答〉　①左上（お父さん）　②左下（お兄さん）　③釣り竿
④（上から）お父さん○５つ・おじいさん○６つ・お兄さん○２つ・僕○１つ

学習のポイント

この問題の設問はお話の後半部分に集中しています。後半にはカニを捕まえた数と、魚を釣った数が連続する形で出てきます。この部分をしっかりと整理して記憶できていたか、確認をしてください。記憶の力が弱いと、このような部分で記憶が混乱してしまう場合が多く見られます。そのような場合、読み聞かせなどをして、記憶する力を伸ばしましょう。お話の記憶の問題の内容には、この問題のような体験型のお話の他にも、ファンタジー系の内容などもあります。記憶がしやすいのは体験型の方ですが、この場合、お子さまの体験の有無、多少が大きく影響します。コロナ禍になり、お子さまの体験量は減っていると言われている中、学校側が体験型の内容を出題する理由の一つに、身近なことを話題にすることでお子さまが記憶しやすいようにという考えがあります。また、コロナ禍の生活において、各ご家庭では、どのような工夫をしてお子さまに体験をさせているでしょうかという考えも観たいと思い出題をする学校もあります。出題する学校の意図をしっかりと汲み取り、対策をとりましょう。

【おすすめ問題集】
1話5分の読み聞かせお話集①・②、お話の記憶 初級編・中級編・上級編、
Ｊｒ・ウォッチャー19「お話の記憶」

問題3　分野：点図形（模写）

〈準備〉　鉛筆

〈問題〉　この問題の絵は縦に使用して下さい。
左側に書いてあるものを、同じように右側に書き写してください。

〈時間〉　1分

〈解答〉　省略

学習のポイント

この問題のポイントはいくつかあります。一番上の問題では、右端の点から伸びる斜め線が隣の列の点と点の間を通過させる3本の線がしっかりと書けているか。２段目は、長い直線を真っ直ぐにしっかりと書けているか。３段目は真ん中の点に線が集中します。この点が綺麗な状態か、また、一番下の斜め線の書き始めと終わりの位置が合っているか。１番下の問題は、左の２つの点から右側上部の点に伸びる長い直線をしっかりと書けているか。などが挙げられます。運筆ですが、位置関係の把握、スピードの他にも、直線の綺麗さもしっかりと身につけたいものです。線がしっかりと書けるということは、筆記用具の持ち方が正しいことが含まれます。入学後のことを見据えて、今のうちに正しい筆記用具の持ち方から、手首の使い方などを身につけるようにしましょう。また、筆圧の弱いお子さまが増えています。筆圧も大切なことですから、自信を持ってしっかりと描くように指導してあげてください。

【おすすめ問題集】
Ｊｒ・ウォッチャー51「運筆①」、52「運筆②」

問題4　分野：推理（置き換え）

〈準 備〉　鉛筆

〈問 題〉　**この問題の絵は縦に使用して下さい。**
１番上を見て下さい。お約束が描いてあります。このお約束を守って真ん中の絵を置き換えたものを下に描いてください。

〈時 間〉　30秒

〈解 答〉　下図参照

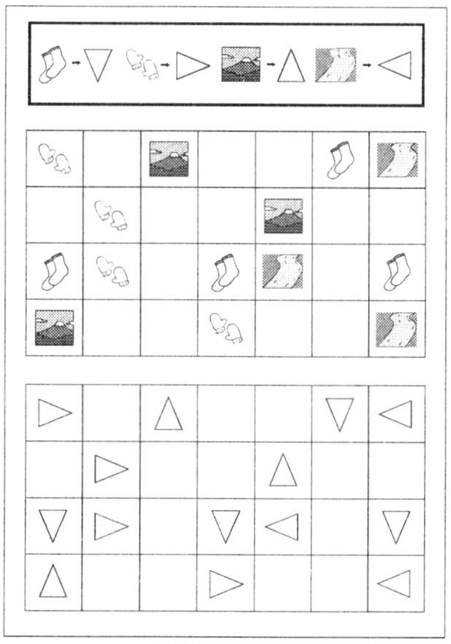

学習のポイント

この問題ですが、お子さまの解答方法（解いた順番や方法）を確認して下さい。お子さまは、「同じものだけを連続して書いていったのか。」それとも「一つひとつ置き換えていったのか。」まずは、それをチェックしておきましょう。次に、問題を解いた順番ですが、「どこからチェックを始め、どの方向に進めていったのか。（縦に観たか、横に観たか）」を、保護者の方は知っておいてください。その理由ですが、どちらがいいというものではありません。ここで取り組んでいった順番（方向）は数量の問題で、数を数える時、間違え探しなどでチェックをする時も、この問題と同じ順番（方向）でチェックをすることでイージーミスを防ぐことができます。この問題の取り組み方のように、別の分野でも活用できる力は他にもたくさんあります。また、お子さまの解答用紙をご覧になり、三角形の頂点がしっかり書かれてあるかも確認しましょう。解答記号が複数ある場合、頂点がしっかりと書けていないと、別の記号に見えてしまうことがありますので注意してください。

【おすすめ問題集】
Ｊｒ・ウォッチャー57「置き換え」

問題5　分野：巧緻性（運筆）

〈準備〉　鉛筆

〈問題〉　左の矢印から右の黒丸まで、線と線の間を、はみ出さないように線を書いてください。

〈時間〉　１分

〈解答〉　省略

学習のポイント

運筆の問題だ。これなら簡単と思っている保護者の方。その考えはよくありません。学校を取材すると、運筆、特に長い線を描かせると、そのお子さまの学力もある程度把握できると言う先生が多くいます。その理由ですが、集中力、正しい筆記用具の持ち方、そして書き慣れていることが求められるからです。このような問題を解く際、線に触れないこと、線からはみ出さないことに意識を強めてしまうと、かえって線に触れてしまいます。では、このような問題の場合、どのように取り組めばいいのでしょう。おすすめの方法ですが、一筆でどこまで書くのか目標を定めることです。前半の直線の場合、次の角までを目標にして一気に書くことで線のふらつきを防ぎます。後半の曲線でも考え方は同じです。目標を定めその目標に向かって線を描いていきます。これを繰り返しゴールまで書いていきます。また、最初の指示である「線と線の間をはみ出していないか」も確認して下さい。最後までしっかりと取り組むようにしましょう。

【おすすめ問題集】
　Ｊｒ・ウォッチャー51「運筆①」、52「運筆②」

家庭学習のコツ①　「先輩ママのアドバイス」を読みましょう！

本書冒頭の「先輩ママのアドバイス」には、実際に試験を経験された方の貴重なお話が掲載されています。対策学習への取り組み方だけでなく、試験場の雰囲気や会場での過ごし方、お子さまの健康管理、家庭学習の方法など、さまざまなことがらについてのアドバイスもあります。先輩ママの体験談、アドバイスに学び、ステップアップを図りましょう！

問題6　分野：図形（回転）

〈準備〉　鉛筆

〈問題〉　①②
上の段を見てください。左側の形を、矢印の方へ１回回すとどうなりますか。右側に書いてください。
③④⑤⑥
真ん中と下の段を見てください。左側の形の●を右側の位置に来るように回転させると、どうなりますか。右側に書いてください。

〈時間〉　１分

〈解答〉　下図参照

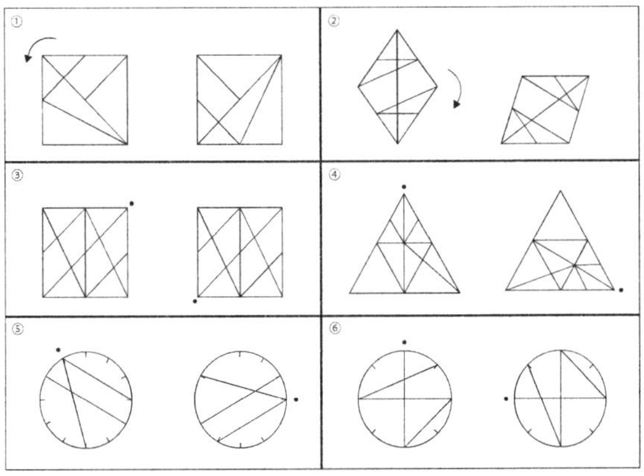

学習のポイント

この問題は前問の運筆の発展として捉えることができます。この問題ですが、単に模写をするだけでなく、回転が加わった難易度の高い問題となっています。しかし、このような問題こそ、慌てずに落ち着いて取り組むことが大切です。問題自体は難易度の高い問題ですが、落ち着けば問題の見方が変わり、模写と回転が合わさった問題ということが分かります。あとは順番に解くだけです。この問題の場合、回転後はどうなるのかが一番悩むと思いますが、基準となる箇所を見定めれば、あとはそこを起点に考えれば他の線も書けるようになります。一番分かりやすいのは黒丸の位置から始まる線でしょう。この線を基準に他の線を書いていけば問題は、多少の混乱はあったとしても解けると思います。この考えは、形が変わったとしても同じ考えで取り組むことが可能です。

【おすすめ問題集】
　Ｊｒ・ウォッチャー46「回転図形」

問題7　分野：常識（季節・音数）

〈準備〉　鉛筆

〈問題〉　①左上を見てください。この中で夏のもの全部に○をつけてください。
②右上を見てください。この中で秋のもの全部に○をつけてください。
③④下を見てください。この中で同じ音数でできているものに○をつけてください。

〈時間〉　30秒

〈解答〉　①カブトムシ、メロン、蚊取り線香　②ススキ、リンドウ、七五三
③イノシシ、コスモス、ヒコウキ　④クツシタ、ハブラシ、テブクロ

学習のポイント

この問題は全問正解をしてほしい問題の一つです。入試ではこのように正解できる問題は確実に正解しておきましょう。取りこぼしは厳禁です。①と②は季節に関する問題ですが、近年、このような季節に関する問題を出題する学校が増えてきています。これもコロナ禍の生活の中、各ご家庭でどのように季節を感じてさせているかが問われていると観ていいでしょう。このような問題の場合、描かれてある絵全ての季節が分かっているかを確認し、分からないものは分かるようにしっかりと復習をしましょう。③と④は特に難しいことはありませんが、問題を解くとき、お子さまは声に出して考えていませんか。入試の時、声に出して考えることはできません。もし、声に出して考えていると、「周りのお友達の迷惑になるから黙って考えようね。」と注意を受けます。テスターからそのような注意を受けてしまえば、お子さまの焦りと緊張は一気に高まります。この高まりは入試の最中に修正することは難しく、後にも引きずってしまいます。ですから、そうならないように、今のうちから音を出さずに考えるよう練習をしておくことをおすすめいたします。

【おすすめ問題集】
Ｊｒ・ウォッチャー11「いろいろな仲間」、17「言葉の音遊び」

問題8　分野：比較（面積）

〈準備〉　鉛筆

〈問題〉　①上の段を見てください。この中の白い部分と黒い部分で、広さが同じものに○をつけてください。
②真ん中を見てください。この中の白い部分と黒い部分で、白い部分が広いものに○をつけてください。
③下の段を見てください。この中の白い部分と黒い部分で、黒い部分が広いものに○をつけてください。

〈時間〉　40秒

〈解答〉　①右端　②右端　③真ん中

学習のポイント

この問題を解く際、お子さまはどのよう考えたでしょうか。黒と白を数えて差を求める解き方がオーソドックスですが、他にも様々なアプローチの方法があります。同じ考え方を一つ紹介しますので参考にしてください。その方法とは、形をブロックに区切り、ブロック単位で黒と白の数を比較する方法です。上の問題を例にすると、左端の絵ですが、真ん中縦2列は黒と白が同数ということが分かります。右の飛び出している2マスも黒と白は同数です。残された両端の２列は、黒が２つで白が４つということが分かります。同じようにブロックで観ていけば黒と白の差は直ぐに分かります。真ん中の絵は、左縦２列の６つを見ると黒と白は同数です。右側下段のＺ状の部分も白と黒は同数です。残りは黒１つに白３つになります。右端の絵を見てみましょう。一番上の段と２段目をそれぞれ観ると、黒白が同数です。残りの下２段を見ると白と黒が逆になっていることが分かります。これでこの絵が黒と白が同数であると分かります。同じような要領で他の問題も確認をしてみましょう。きっと直ぐに解答が分かると思います。

【おすすめ問題集】

Ｊｒ・ウォッチャー15「比較」、58「比較②」

問題9　分野：常識（断面図）

〈準　備〉　鉛筆

〈問　題〉　上に描いてある物を点線に沿って切ると、切ったところはどうなっていますか。下から選んで、点と点を線で結んでください。

〈時　間〉　30秒

〈解　答〉　①う　②え　③お　④あ　⑤い

学習のポイント

この問題を言葉で説明しようとしても、なかなかお子さまの理解は得られないでしょう。このような問題は、口で説明するよりも、実際にお子さま自身に切らせて、どうなっているかを確認するとよいでしょう。ただ、お子さまに切らせる前に、どうなっているのかを考えさせることもおすすめです。同じように縦に切ったときにはどうなるのかもやってみるとよいでしょう。お料理のお手伝いをしてもらいながら、しりとりや、仲間集めなどをするのもおすすめです。昨今、この食べ物の断面の問題は、さまざまな学校でも出題されてますが、ほとんどの学校では、縦か横に切ったときの断面を問題にしています。では、斜めに切るとどうなるでしょう。そのような質問をお子さまに投げかけ、お子さまの興味を刺激してみてはいかがでしょう。学力を伸ばすには、興味や関心を刺激してあげることも大切です。興味や関心を持てば、お子さまは能動的に知識を求めると思います。保護者の方はお子さまがそうなるような環境作りを心がけてください。

【おすすめ問題集】

Ｊｒ・ウォッチャー27「理科」、55「理科②」

問題10　分野：常識

〈準備〉　鉛筆

〈問題〉　①②上を見てください。左上の四角の中の絵と同じ役割のものをそれぞれ選び、〇をつけてください。
③左下を見てください。正しいことを言っている動物に〇をつけてください。
・「やわらかい」という言葉の反対の言葉は「冷たい」だよとウサギさんが言いました。
・サルさんが言いました。違うと思うよ「固い」だよ。
・クマさんは「暖かい」だよ。と言いました
・違うよ「重い」だよ。とタヌキさんが言いました。
④右下を見てください。食べるところが土の中にできるものに〇をつけてください。

〈時間〉　40秒

〈解答〉　①懐中電灯　②扇風機　③サル　④ゴボウ

学習のポイント

①と②ですが、ここに描かれてある物の名前や使用目的などは全て言えるでしょうか。生活様式の変化で、各ご家庭に、ストーブや炬燵がないということも珍しくはなくなってきました。しかし、日常生活で目にしないからといって出題されないとは限りません。ここに描かれてある物はどれも、入試ではよく見る物ばかりです。もし分からないお子さまがいたら、しっかりと教えてあげてください。特に、冬の物については、目にしたことがない物が他にもあります。こうした物は入試においても頻出の物ばかりですから、今のうちにしっかりと把握しておきましょう。③については色々なことに言い換えて行うことができます。反対語、類語などもありますから、言葉遊びとしてお子さまが言語に興味を持つようにしましょう。④は土の中にできる物ですが、他には何があるか言わせてみましょう。お子さまには、単に教えるだけでなく、それに関連した情報も交えて話をすることで、興味・関心も伸びると思います。

【おすすめ問題集】
Ｊｒ・ウォッチャー11「いろいろな仲間」、29「行動観察」、34「季節」

問題11　分野：常識

〈準備〉　鉛筆

〈問題〉　①②左上に描いてある絵が出てくるお話と関連するものに〇をつけてください。
③左下を見てください。この中であまり生のまま食べないものに〇をつけてください。
④右下を見てください。この中で春の物に〇を、夏の物に△を、秋の物に□を、冬の物に×をつけてください。

〈時間〉　40秒

〈解答〉　①きびだんご　②ウサギ　③さやえんどう、枝豆、ゴボウ
④〇：柏餅　△：かき氷　□：月見団子　×：お汁粉

学習のポイント

お子さまは、ここに描かれてある絵が何のお話か、そのお話に出てくる動物やあらすじなどをきちんと言えたでしょうか。お話のタイトルは知っているが内容は分からないというお子さまはかなりいます。そのようなお子さまの多くは、試験対策としてタイトルと代表的な絵を見せて覚えさせた学習をしていますが、そのような対策はお進めできません。しっかりと読み聞かせをして内容の把握まで行ってください。読み聞かせをするときの選書のポイントですが、あらすじが正しい物を選んでください。近年、あらすじが変わっている絵本があります。そのような内容の本は、試験対策には向きません。残酷な内容のものは残酷なままの本を選んでください。残酷な内容にはそれなりの意味があります。③や④も生活体験を通した知識の習得に努めていただきたいと思います。これも知識として教えたのと、体験と通して教えたのとでは、定着率はかなり変わります。

【おすすめ問題集】

Ｊｒ・ウォッチャー27「理科」、34「季節」

問題12　分野：絵画

〈準備〉　画用紙、12色のクーピーペン

〈問題〉　**この問題の絵はありません。**

「季節」に関係あるもの、または「としだいの『い』」のつくもの、「今日の朝ごはん」に食べたものの中からどれかを選び、絵を描いてください。

〈時間〉　7分

〈解答〉　省略

学習のポイント

この問題はおもしろい問題だと思います。「季節に関係するもの」と「朝食で食べたもの」は特別ではありませんが、その間に「としだいの『い』」のつくものと指示されています。もし、これを選択した場合、恐らく、しりとりをイメージしてものを選択すると思います。しかし、それだとただそのものだけを描く可能性があり、それではよい印象を与えません。具体的に申し上げれば、『い』のつくものですから「イカ」があります。お子さまが「イカ」を選択した場合、周囲の風景も書き足すことができるでしょうか。絵を描く場合、大きく、生きた線を描くように心がけてください。小さなものをたくさん描くとそれらしく見えますが、お子さまらしい絵とは言えません。絵を描くときは心をワクワクさせながら積極的に取り組みましょう。

【おすすめ問題集】

Ｊｒ・ウォッチャー22「想像画」、24「絵画」、30「生活習慣」、34「季節」

問題13　分野：行動観察（集団）

〈準 備〉　（この問題は５～６人の集団による行動観察の問題として行われました。）

〈問 題〉　**この問題の絵は縦に使用して下さい。**
左のマスを始まりとして、それぞれあるお約束で並んでいます。そのお約束を見つけて、上の四角に入るものを選び、線で結んでください。

〈時 間〉　40秒

〈解 答〉　①お雛様－七夕－ハロウィン－クリスマス
②ボウシ－シカ－カラス－スリッパ　③手を洗う－夕飯－歯磨き－就寝

学習のポイント

この問題ですが、並べる順番がどのようなルール（規則性）で並ぶのかを発見できたでしょうか。一番上の問題は、左のマスの中に門松が描かれています。門松はお正月、冬のものになります。その後、選択肢に目を向けてみると、選択肢には季節の行事が描かれてます。そこから、それぞれのマスに入る絵のルールが季節の順に並ぶことが推測できます。このような感じで規則性を早く発見できれば後は難しいことはありません。実際の入試では、集団で話し合って解答を決めていきますが、その際、積極的に参加できるでしょうか。初めて会ったお友だちと共同で何かをすることは別のハードルがありますが、何事も失敗を恐れずに積極的に参加するようにしましょう。また、自分と違う意見が出されたとき、お子さまはどのような対応をされるでしょうか。他の人の意見も聞き入れ、対応できるようにしましょう。

【おすすめ問題集】
Ｊｒ・ウォッチャー34「季節」、29「行動観察」、30「生活習慣」

問題14　分野：行動観察（集団）

〈準 備〉　（この問題は５～６人の集団による行動観察の問題として行われました。）

〈問 題〉　**この問題の絵はありません。**
ここでは２チームに分かれて、ドンじゃんけん、フルーツバスケット、模倣体操をしてください。

〈時 間〉　適宜

〈解 答〉　省略

学習のポイント

競技系の行動観察はさまざまな面で対策が難しくなります。タイムを計る、勝敗をつけるなどの内容ですと、熱中してルールを破ってしまうお子さまがいます。他にも、失敗したお友だちに文句を言う、自分の意見を押しつける、待っているときの約束を守れない、積極性が足りないなど、注意する点は一つではありません。これらは日常生活を通して修正していかなければなりません。また、行動面に関することは修正に時間がかかります。まずは、問題に取り組む前、どのようなことに注意をしなければならないのか、それはどうしてかなど、確認をしてから取り組むこともおすすめです。また、今回の問題ですが、3つの競技は求められる力、ポイントが異なります。ですから、3つの競技を通してお子さまを観察することは、総合的にお子さまを見ることに繋がります。まずは一つひとつの競技についてしてよいことと悪いことの確認と自覚をキーワードに取り組んでみてください。

【おすすめ問題集】

Ｊｒ・ウォッチャー29「行動観察」

問題15　分野：面接（保護者面接）

〈準備〉　なし

〈問題〉　**この問題の絵はありません。**

父親へ

・本校を知ったきっかけを志望動機と合わせて教えてください。
・本校を受験する決め手は何ですか。
・本校はおいでになりましたか。その際に、印象に残っていることは何ですか。
・本校の学校説明会には参加しましたか。その際に、印象に残っていることは何ですか。
・今までお子さまにどのような体験をさせてきましたか。
・コロナ禍を通じて、お子さまが成長したことは何ですか。
・普段お子さまとどのようなことをして過ごしていますか。
・お子さまが学校で手を焼くようなことがあった時、どのように声をかけますか。
・ご家庭の教育方針は何ですか。

母親へ

・習い事をするきっかけは何ですか。
・幼稚園（保育園）ではどのように過ごしていましたか。
・お子さまの長所と短所を教えてください。
・自立心が芽生えたと感じるエピソードを教えてください。
・育児をしていて楽しかったことを教えてください。
・お子さまは好き嫌いが多い方ですか。
・ＳＮＳを使用しての保護者同士のかかわり方について教えてください。（親同志のＳＮＳは禁止していない）
・ご家庭で気を付けていることはありますか。
・お子さまが学校で手を焼くようなことがあった時、どのように声をかけますか。
・お子さまはどのように勉強と向き合っていますか。

〈時間〉　即答が望ましい

〈解答〉　省略

学習のポイント

当校の面接は、保護者に対して様々な角度から質問をしています。他の学校と違う点としては、表面的な質問ではなく、かなり突っ込んだ内容の質問がされています。質問内容からも分かる通り、その場で考えて回答することは難しく、日頃から保護者間で話し合いなどをして、子育てについて考えをしっかりとまとめておく必要があるものばかりです。このように質問内容が多岐に渡る場合、それぞれの質問に対する回答をと考えるよりも、質問内容全体を通して、学校側が志願者の保護者の方に対してどのようなことを求めているのかを知ることが大切になります。知った上で保護者間で対策を練り、実践することがこの面接の対策となるでしょう。と申し上げるのは、面接では、回答した内容もさることながら、答えている時の雰囲気、回答した言葉の背景などが見られます。ですから、表面的な回答を考えるのではなく、考えた回答を元に実践し、体験をベースにして回答をすることが当校の面接対策となります。

【おすすめ問題集】

面接テスト問題集・入試面接最強マニュアル

問題16 分野：お話の記憶

〈準 備〉 鉛筆

〈問 題〉 今からお話をしますので、よく聞いて後の質問に答えてください。

今日は節分です。なかよし幼稚園では、みんなで豆まきの準備をしています。ところが、オニの役だけがなかなか決まりません。そこで、コアラ先生が、オニの役をやってくれることになりました。役割が決まったので、早速、オニのお面を作ることになりました。ネコさんは角が１本、ブタくんは角が２本、イヌくんは角が３本、ネズミさんは角がないオニのお面を作りました。みんなが作ってくれたオニのお面の中から、コアラ先生は、角が２本のオニのお面を選びました。いよいよ豆まきの始まりです。「オニは外、福は内。」と元気な声と一緒に、みんなはオニをめがけて、豆を一生懸命に撒きました。みんながたくさん豆を投げたので、とうとうオニは、隣の教室に逃げて行ってしまいました。豆まきが終わり、コアラ先生も、みんなの教室に戻ってきました。そして、「オニを追い払うことができました。この後は、今年も元気で幸せに暮らせるように、祈りを込めて、自分の年の数だけ豆を食べましょう。」と言いました。みんなは、５粒ずつ豆を食べましたが、ブタくんだけは、お腹がすいていたので、みんなより４つも多く豆を食べてしまいました。

①このお話の季節と同じ絵に○をつけてください。

②コアラ先生は、誰が作ってくれたお面をつけましたか。その動物に○をつけてください。

③ブタくんは、豆をいくつ食べましたか。その数だけ○を書いてください。

④５歳の動物に○をつけてください。

〈時 間〉 各15秒

〈解 答〉 ①右から２番目　②左から２番目　③○９つ
④左端・左から２番目・中央・右端

［2022年度出題］

学習のポイント

お話自体は特に難易度が高いわけではありませんが、お話の中には色々な要素が盛り込まれています。このような内容の場合、集中してお話を聞いていないと、記憶の中でお話が混乱し、解答を導き出すことができなくなってしまいます。先ずは、読み聞かせをしっかりとおこない、聞く力をつけましょう。保護者の方は、お子さまが解答するとき、解答記号を書く様子をしっかりと見ておいてください。と申し上げるのも、自信のある解答と、そうでない解答とでは、解答記号の形が違います、自信がある解答の場合、解答記号は崩れることなく、一気に書き上げます。しかし、自信がない場合、途中で書くのを止めたり、形が崩れたりします。このような状況からもお子さまの理解度を測ることができます。ご紹介したことは、お話の記憶に限ったことではありません。他の問題においても同じことがいえますので参考にしてください。

【おすすめ問題集】

１話５分の読み聞かせお話集①・②、お話の記憶 初級編・中級編・上級編、
Jr.ウォッチャー19「お話の記憶」

問題17 分野：推理（重ね図形）

〈準備〉 鉛筆

〈問題〉 左のマスの目の絵は、透明な板の上に描いてあります。この絵を、回転したり、裏返しにしないで、このままの状態で重ね合わせると、どうなりますか。重ねたときの絵を右側に書いてください。

〈時間〉 45秒

〈解答〉 下図参照

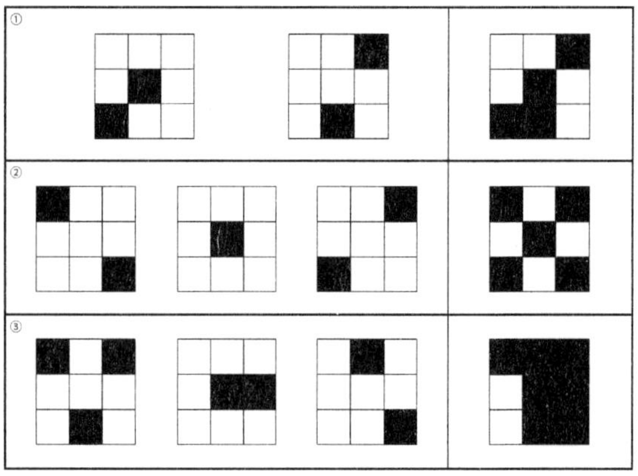

［2022年度出題］

学習のポイント

基本的な重ね図形の問題です。そのまま重ねるだけなので、重ね合わせる図形が、２つ、３つと増えても難しく考えることはありません。順番に図形通り右に書き写し、次の図形をその上に書き足していけばよいのです。初めは、実物を作って学んでみると良いでしょう。ご家庭にあるクリアファイルなどを利用して練習してみましょう。座標通りに色を塗ることは、模写の練習にもなります。問題を解くのとは違い、お子さまも楽しく学習ができるはずです。書き漏らしや間違った箇所の解答を避けるには、書き込む方向を決めて取り掛かるとよいでしょう。

【おすすめ問題集】

Ｊｒ・ウォッチャー35「重ね図形」・47「座標の移動」

問題18　分野：図形（重ね図形）

〈準備〉　クーピーペン（青色）

〈問題〉　大きな四角の中に、丸・三角・四角がさまざまあり、重なって描いてあります。それぞれの形で、重なっている部分にだけ、青色のクーピーペンで塗ってください。

〈時間〉　45秒

〈解答〉　下図参照

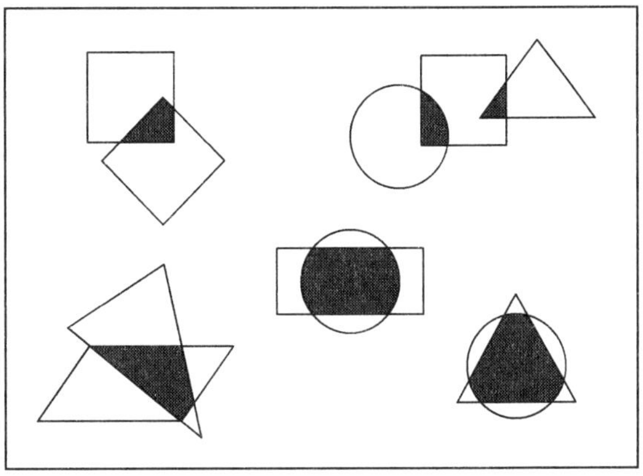

［2022年度出題］

家庭学習のコツ② 「家庭学習ガイド」はママの味方！

問題演習を始める前に、試験の概要をまとめた「家庭学習ガイド（本書カラーページに掲載）」を読みましょう。「家庭学習ガイド」には、応募者数や試験課目の詳細の他、学習を進める上で重要な情報が掲載されています。それらの情報で入試の傾向をつかみ、学習の方針を立ててから、対策学習を始めてください。

学習のポイント

この問題は、重なっている部分を塗る問題です。形と形が重なっている部分だけ着色すればよいのですが、はみ出さないように注意してください。はみ出せば、その部分も重なっているととらえられても仕方ありません。しかし、ていねいに塗ることを意識しすぎると、時間が足りないでしょう。それを避けるために、色混ぜをしながら考えてみましょう。例えば、○を赤で、△を青で塗ってみましょう。赤と青を混ぜると、何色になるか、答えは紫ですね。この紫になったところは、色が混ざり合った、つまり、重なり合った部分です。あまり濃く塗らずにやってみましょう。色塗りと、色混ぜの学習にもなります。これも図形問題とは全く違った、楽しく学ぶ、学習方法のひとつになります。

【おすすめ問題集】

Ｊｒ・ウォッチャー23「切る・貼る・塗る」、35「重ね図形」

問題19　分野：図形（回転）

〈準備〉　鉛筆

〈問題〉　左の絵を、矢印の方向に１回カタンと回すと、どうなりますか。右から選んで○をつけてください。

〈時間〉　１分15秒

〈解答〉　①右から２番目　②右端　③左端　④左から２番目

［2022年度出題］

学習のポイント

回転図形は、まずは左右弁別ができていなければできません。この問題は回転方向の矢印が指摘されていますが、右回転か左回転か、口頭でもわかるようにしておきましょう。回転方向がわかったら、元になる図形の底辺を抑えましょう。次に、一回転したら、どの辺が底辺になるのか、具体物を使い、確認します。四角に切った紙を使用し、四辺を色別に塗っておきます。回転することにより、どの辺が底辺に変わっていくのか理解しやすいでしょう。図形内に書かれた●や矢印の三角部分の頂点がどこを向いているか、どこに移動するかなど、捉えることができるでしょう。違うものは消去法で探せば、正しいものが見つけられるはずです。この２つの関係をきちんと理解できるよう、具体物を使い練習問題に取り組んでください。

【おすすめ問題集】

Ｊｒ・ウォッチャー46「回転図形」

問題20 分野：推理（ブラックボックス）

〈準 備〉 鉛筆

〈問 題〉 上の絵の四角を見てください。サルと出会うと持っていたものの色が変わります。ウサギに出会うと、持っていたものの数が２つ減ってしまいます。では、この通りにそれぞれの動物に出会ったら、持っていたものはどうなりますか。四角の中に書いてください。

〈時 間〉 １分15秒

〈解 答〉 下図参照

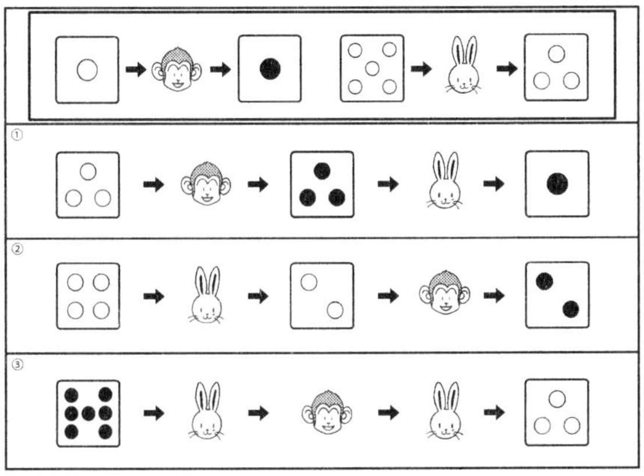

［2022年度出題］

学習のポイント

この問題も、基本的なブラックボックスの問題です。お約束に従って考えていけば、さほど難しくはありませんが、２問目からの逆に考えて解答を導くところが混乱するかとおもわれます。おやつやで考えると、食べる前の数とひとつ食べたらいくつになったか、また、食べたらこの数になったけれど、食べる前はいくつだったか、どうやって元の数を出すことができるのかなど、生活の中で、その考え方を身に着けていかれると良いでしょう。この基礎が身に着いた上で、ペーパーでの問題に取り組むことが良いと思います。

【おすすめ問題集】

Ｊｒ・ウォッチャー32「ブラックボックス」、38「たし算・ひき算１」、39「たし算・ひき算２」

問題21　分野：数量（積み木）

〈準　備〉　鉛筆

〈問　題〉　ここに２列で積まれた積み木があります。左上に描いてある積み木と、同じ数の積み木を選び、○をつけてください。

〈時　間〉　１分

〈解　答〉　下の段左端と真ん中

［2022年度出題］

学習のポイント

積み木の数を求めるこの問題は、まず、正しく積み木の高さを捉えることです。初めは、具体物で同じように積んでみましょう。絵では図面に表れていないために、分からないことがわかります。側面から見たときに、前に積んである積み木の影になって見えない部分にも積み木があることなどを理解できます。積むときに積んだ真下が見えるようなクリアファイルなどの上に積むと、４側面、真上、真下の６つの方向から見ることができます。四方からの観察の問題対応にも役立ちます。積み木については、下段４つ、上段４つの計８個の積み木で作る、立方体をしっかりと頭の中に入れておくことをおすすめします。この立方体には積み木の数に関わる基本的なことが詰まっています。実際に積んで試してみてください。この基本形からどう変形しているのかという考えで積み木を数えることも可能です。

【おすすめ問題集】
　Ｊｒ・ウォッチャー14「数える」、16「積み木」

問題22　分野：言語（しりとり）

〈準　備〉　鉛筆

〈問　題〉　しりとりをします。左上の二重丸の中に描かれた絵からスタートします。矢印に従い、しりとりを進め、最後は二重の四角の絵がゴールです。しりとりの途中に、○、△、×、◇の印があります。この印のところには、どの絵を入れるとうまく最後までつながりますか。下の絵から探して、当てはまる絵にその記号を書いてください。

〈時　間〉　１分

〈解　答〉　○：まり　△：リス　×：メガネ　◇：ネズミ

［2022年度出題］

学習のポイント

しりとりは、人数も場所も関係なく、いつでも楽しめる遊びです。この問題では、スタートから順に考えるのではなく、３つ先の「スイカ」から考えます。「スイカ」の前の△には、名前が「ス」で終わるものが入るので、該当するものは、「リス」「イス」「アイス」の３つです。このいずれなのかは、その前の○に入るものを見つけなければなりません。○には、「ダルマ」に続く、「マ」から始まり、次の△の始めの音とつながるものが入ります。「マ」で始まるものは、「マリ」「マスク」の２つです。○と△の選択肢を照らし合わせると、○は「マリ」、△は「リス」とわかります。いずれにしろ、物の名前を知ることが先決です。その都度機会を利用して、古いものも含む、様々なものの名前をたくさん覚えていきましょう。

【おすすめ問題集】
Ｊｒ・ウォッチャー49「しりとり」

問題23　分野：常識（理科）

〈準備〉　鉛筆

〈問題〉　上の四角の中には、お花の種が描いてあります。どのお花の種でしょうか。当てはまるお花に○をつけてください。

〈時間〉　10秒

〈解答〉　ヒマワリ

［2022年度出題］

学習のポイント

ヒマワリの種は、特徴のある種なので、すぐに解答できたでしょう。他にも、タンポポ、アサガオ、コスモスなど、季節を代表するお花の種は、ぜひ覚えておきましょう。できれば、本物の種を見せてあげてください。種だけではなく、葉の形、成長の過程、特徴も合わせて覚えておくようにしましょう。また、植物には、種から育つのではなく、球根から育つ種類も沢山ありますね。代表的なものは、チューリップやヒヤシンスなどです。

【おすすめ問題集】
Ｊｒ・ウォッチャー27「理科」、55「理科②」

問題24　分野：常識（昔話）

〈準 備〉　鉛筆

〈問 題〉　これから「ももたろう」のお話を少し短くしてお話をします。よく聞いてください。

『昔々、あるところに、おじいさんとおばあさんが住んでいました。おじいさんは山へ芝刈りに、おばあさんは川へ洗濯に行きました。おばあさんが川で洗濯をしていると、川の向こうから、大きな桃が「どんぶらこ、どんぶらこ」と流れてきました。おばあさんは、その桃を家に持って帰りました。おじいさんと桃を切ろうと思ったら、桃はぱかっと割れて、中から元気な男の子の赤ちゃんが出てきました。おじいさんとおばあさんは、男の子に「ももたろう」と名前をつけて、大切に育てました。ももたろうは、大きくなり、鬼退治に行くことになりました。おばあさんは、ももたろうに、「ひとつ食べると100人力」の力がつく、きびだんごと鬼を退治するための打ち出の小槌を渡しました。ももたろうが出発すると、サルが近づいてきて、「ももたろうさん、ももたろうさん、お腰につけたきびだんご、ひとつ私にくださいな。」と言ったので、「私の家来になるならば、きびだんごをあげましょう。」と答えました。サルは「あなたの家来になっていきましょう。」と答え、百人力のきびだんごをもらいました。あとから続いて、カニとキジも家来になり、ももたろうは、３匹の家来を連れて、鬼ヶ島へ向かいました。ようやく鬼ヶ島に到着したももたろうたちは、悪い鬼たちをやっつけることができました。鬼たちは、ももたろうに、これまで町の人から奪ったものを全て返し、もう２度と悪いことはしないと誓いました。』

・この物語は、日本昔話の「ももたろう」のお話でした。でも、何かおかしなところがありました。本当のお話とは違っていたものに、○をつけてください。

〈時 間〉　15秒

〈解 答〉　カニに○・打ち出の小槌に○

[2022年度出題]

学習のポイント

基本的な日本昔話「ももたろう」のお話です。この問題でのお話を聞きながら、おかしいな、と思いつつ、聞いていたお子さまが多いかと思います。ただ、試験対策として、急に昔話の読み聞かせを集中的にしてしまうと、登場人物や、お話の流れ、また特徴的な素材など、お子さまの記憶に混乱をきたしてしまうことがあります。慌てることなく、普段から、日本昔話だけではなく、アンデルセン童話、イソップ童話、グリム童話、そして、民話など、色々と昔から伝わるお話の読み聞かせをしていくとともに、そこに込められた願いや教訓を、しっかりと伝えていくことが、一番望ましいこと思います。因みに“打ち出の小づち”は「一寸法師」、“カニ”は「サルカニ合戦」のお話に出てきます。

【おすすめ問題集】

１話５分の読み聞かせお話集①・②、お話の記憶 初級編・中級編・上級編、
Jr.ウォッチャー19「お話の記憶」

問題25　分野：常識

〈準備〉　鉛筆

〈問題〉　左の四角の中に描いてある絵と、一緒に使われるものを、右の四角から探して、その絵に○をつけてください。

〈時間〉　１分

〈解答〉　①右から２番目　②左から２番目　③右端　④左端

［2022年度出題］

学習のポイント

仲間探しとは微妙に違い、「一緒に使われるもの」を探す問題です。左の絵のものを使って、でき上がるものではなく、使う道具の組み合わせは、日常の家庭生活で、学んでいけることです。床掃除であれば雑巾とバケツ、歯磨きであれば歯ブラシと歯磨き粉など、何気ない生活で行われていれば、特に慌てることもなく、このような問題に取り組むことができると思います。実際に日常生活を見回してみると、ペアで使用するものは色々あることに気がつくと思います。どれくらいのペアを見つけることができたでしょうか。このように自分で何かをすることは意欲も引き出すことにも繋がるのでおすすめです。そして類似問題を行う前に、実践したことをも思い出させると、問題も解答しやすくなると思います。

【おすすめ問題集】
Ｊｒ・ウォッチャー30「生活習慣」

問題26　分野：常識

〈準備〉　鉛筆

〈問題〉　今から話すことに合うものに○を付けてください。
①「えー？！本当？？」という言葉に合う顔はどれでしょうか。選んで○をつけてください。
②「困ったな」という言葉に合う顔はどれでしょうか。選んで○をつけてください。
③「しくしくしている」という言葉に合う顔はどれでしょうか。選んで○をつけてください。
④「怒っている」という言葉に合う顔はどれでしょうか。選んで○をつけてください。

〈時間〉　各15秒

〈解答〉　①左から２番目　②右から３番目　③右から２番目　④左から３番目

［2022年度出題］

学習のポイント

近年、コロナの影響で、マスク生活が一般的になったため、人の表情を読み取る機会が少なくなりました。とはいえ、ご家族の間では、マスクを介することなく、それぞれの状況で、マスクなしに会話を交わしていると思いますので、そのようなことを考えると、さほど難しい問題ではなかったかと思います。言葉を介さずとも、顔には感情が表れるものです。保護者の方は、ご自身の気付かないうちに出てしまっている表情が、お子さまに届いていることも、改めて考えてみてください。

【おすすめ問題集】

Ｊｒ・ウォッチャー29「行動観察」

問題27　分野：運動（行動観察）

〈準備〉　ケンステップ

〈問題〉　**この問題の絵はありません。**

（２グループに分かれます。ケンステップがグループの間にケン・パ・ケン・ケン・パ、の順に置かれ、中央には線が引いてあります。）
両チームとも、左右に分かれ、一列に並びます。スタートの合図で、ケンステップの通り、ケン・パと進んでいき、相手チームと出会ったら、そこでじゃんけんをします。負けてしまったら、すぐに自分のチームの最後に並び、自分のチームの次の人がスタートします。勝った人は、その間に、どんどん進みます。早く相手チームの陣地に入った人が勝ちです。応援をする場合は、声を出さず、拍手で応援しましょう。

〈時間〉　適宜

〈解答〉　省略

［2022年度出題］

学習のポイント

いわゆる「どんじゃんけん」です。「どんじゃんけん」は、広く色々な学校での行動観察として出題されるものなので、ぜひ、練習しておきましょう。ケン・パをケンステップからはみ出さず、輪に従い、スムーズに移動するようにしましょう。バランスも必要になります。ルールもしっかりと把握し、応援の際の、「声を出さず、拍手のみ」をいかに守ることができるか、つい熱が入ると声を出してしまいがちになるので、楽しみながら一生懸命参加することで自身が頑張り、更にルールを守りながら、お友だちを応援することができるか、が問われている問題です。

【おすすめ問題集】

Ｊｒ・ウォッチャー29「行動観察」

問題28　分野：運動（行動観察）

〈準 備〉　10人で行う。果物が描かれたお面（３種類くらい）・椅子

〈問 題〉　**この問題の絵はありません。**

全員、果物のお面を被り、輪になって着席するが、ひとりだけ、中心に立ち、お面にある果物の名前のうち、1つを言います。言われた果物のお面を被っている人たちは、立ち上がって別の椅子に移動します。この時、立っていて指示を出した人も一緒に移動して、どれかの椅子に座りましょう。座れなかった人が、今度は中心に立ち、同じように果物の名前を言います。中心に立っている人が「フルーツバスケット」と言ったら、全員立ち上がり、席を移動しましょう。

〈時 間〉　10分

〈解 答〉　①左から２番目（ウサギ）　②右端（浮き輪）　③左から２番目（バス）
④右端（カニ）

［2022年度出題］

学習のポイント

「フルーツバスケット」も、よく使われる行動観察のひとつです。自分が何の果物のお面を被っているのかしっかり把握しておくこと、また中央に立つことになった場合に、マスクを介しても、全員に声が届くように大きく声を出すことできるか、席の移動の際に、席の取り合いにならないか、また取り合いになってしまった時にどのように振る舞うかなど、お友だちとの関係性を観ているものと思われます。まずは、ルールが把握できていないと、動きも遅くなったり、他のお友だちの様子を伺ってしまったりしてしまうので、ぜひ、慣れておきたいゲームのひとつです。ルールがわかっていれば、とても楽しくできるものなので、ぜひ、ご家庭や園での体験をされておいてください。

【おすすめ問題集】
Ｊｒ・ウォッチャー29「行動観察」

問題29　分野：絵画

〈準 備〉　Ａ４のコピー用紙、クーピーペン

〈問 題〉　**この問題の絵はありません。**

この紙に、自分で○、△、□のどれかひとつだけ描いてください。その形を使って、好きなように絵を描いてください。形の大きさは、大きくても小さくても構いません。

（途中で質問あり：「何を描いていますか。」「雨の日は、お家で、どのように過ごしますか。」）

〈時 間〉　20分

〈解 答〉　省略

［2022年度出題］

学習のポイント

前もって形が書いてあるのではなく、指定された形のいずれかを自分で書くというところが特徴です。どのような指示が出るか分かりません。指摘された課題をこなすにはさまざまな設定で想像画や、制作の練習をしておきましょう。時間は比較的十分あったようです。落ち着いて取り組むことが大事です。たクレヨンではなく、クーピーで描くので、クレヨンよりは色塗りに時間がかかります。クーピーという素材を生かし、斜めにササっと塗る練習も必要です。全色使うだけではなく、色を重ねてクーピーにはない色を出し、深みを加えることができると尚良いでしょう。紙いっぱいに元気よく、物語が聞こえてくるような絵に仕上げられるとよいです。また、先生から質問された時は、描く手を止め、先生の方を向いて、しっかりと答えましょう。

【おすすめ問題集】

Ｊｒ・ウォッチャー22「想像画」、24「絵画」、30「生活習慣」、34「季節」

問題30　分野：運動（模倣運動）

〈準備〉　なし

〈問題〉　この問題の絵はありません。

先生のやることをよく見て、それを見ながら一緒にやりましょう。

・膝の曲げ伸ばし
・前屈、上体反らし
・手のひらのグーパー
・両手の指折り（親指から折り始め、小指まで折ったら、小指から立ち上げる）
・ジャンプ４回（足でグーパーを２回ずつ繰り返す）

〈時間〉　適宜

〈解答〉　省略

［2022年度出題］

学習のポイント

模倣運動は、きびきびと動くことが大切です。通学に伴う身体能力が備わっているか。きちんと先生の動きを捉え、模倣できる力があるかを観ています。お友だちの動きに合わせるのではなく、先生をしっかり見て、同じように体を動かしましょう。上体反らしは、中途半端になりがちです。しっかりと体を反らします。両手のグーパーや指折りは、通常授業に差しつかえないかを観るものです。利き手と反対の手が、疎かになってしまうお子さまもいますので、確認しておいてください。ジャンプは、バランスも必要です。体が揺れないよう、しっかりと着地・体制を整えましょう。

【おすすめ問題集】

Ｊｒ・ウォッチャー28「運動」

問題31　分野：面接（保護者面接）

〈準備〉　なし

〈問題〉　**この問題の絵はありません。**

父親へ

・本校を選ばれた理由をお話しください。
・本校に来校されたときの印象をお話しください。
・お子さまの長所・短所を教えてください。
・普段のお子さまの様子をお話しください。
・普段から、ご家族での会話を大切にされていると思いますが、どのように意識され、時間を取っていますか。
・どんな時に、お子さまを叱りますか。
・お子さまは、どんなことが好きですか。
・お休みの日のご家族での過ごし方をお話しください。
・お子さまのどういったところが、本校と合うと思われたのですか。
・子育てで一番大切にしていることは何ですか。

母親へ

・お子さまの幼稚園での様子をお話しください。
・子育てで一番大切にしていることは何ですか。
・将来のお子さまの夢は何ですか。
・健康面で気を付けていることは何ですか。
・普段の生活の中で、ルールやマナーをどのように教えていますか。
・普段は、どのように過ごされていますか。
・幼稚園（保育園）で一番印象に残っている行事は何ですか。
・お子さまの長所と短所を教えてください。
・考査で、何か不安なことがありますか。
・中学受験について、どのようにお考えですか。

〈時間〉　適宜

〈解答〉　省略

［2022年度出題］

学習のポイント

面接では、日頃のありのままの様子を、ご自身の言葉で伝えることです。学校で知りたいことは、普段からのお子さまとの接し方やお子さまをどのように感じているか、ご家庭の教育方針等でしょう。面接には正解がありません。しっかりとしたお考えをお話できると良いと思います。想定問題は、お父様、お母様別になっていますが、ご夫婦でどちらに質問がきても答えることができるようにしておきましょう。保護者の方も、ペーパーでは測ることができないご家庭像を面接で伺われているので、しっかりとお考えをご両親でまとめて、声に出してお話をされる練習をされておいてください。早口にならないように、気をつけましょう。

【おすすめ問題集】

面接テスト問題集・入試面接最強マニュアル

問題32　分野：お話の記憶

〈準備〉　鉛筆

〈問題〉　お話をよく聞いて、後の質問に答えてください。

夏休み最初の日曜日、サキさんとお父さんとお母さんと、お友だちのユウトくんとお父さんとお母さんの６人で海水浴に出かけます。家の近くの駅で待ち合わせて、みんなでいっしょに電車に乗って海に向かいます。電車の中でサキさんユウトくんが海で何をして遊ぼうかと話しているうちに、海の近くの駅に到着しました。

海の家で着替えをして砂浜に向かおうとすると、海の家のお兄さんが「岩場にカニがたくさんいるから見に行くといいよ」と言ったので、サキさんとユウトくんは岩場に行くことにしました。海の家のお兄さんの言った通り、岩場にはたくさんのカニがいました。捕まえようとするとカニは岩の陰に隠れてしまいます。サキさんが岩の間に手を伸ばして捕まえようとすると、サキさんはカニに中指を挟まれてしまいました。ユウトくんが「大丈夫？」と声をかけると、「ちょっと挟まれただけだから大丈夫」とサキさんは答えました。「戻って手当してもらおう」とユウトくんが言ったので、２人は海の家に行くことにしました。海の家で包帯を巻いてもらっていると、サキさんはお腹が空いてきました。家族のところに戻ると包帯を見てみんな心配しましたが、サキさんが「そんなことよりお腹が空いた」と言ったので、みんな大笑いです。サキさんのお母さんが作ってくれたおにぎりとユウトくんのお母さんが作ってくれたサンドイッチをみんなで食べることにしました。それぞれがおにぎりを１つとサンドイッチを２つを食べました。

お弁当を食べ終わる頃、空には雲が広がってきました。朝からずっと晴れていましたが、今にも雨が降り出しそうになってきたので、お家に帰ることにしました。お家に着いた時、大きな雷が鳴って雨が降り始めました。

（問題32の絵を渡す）

①サキさんたちは何に乗って海に行ったでしょうか。選んで○をつけてください。

②サキさんはどの指に包帯を巻いてもらったでしょうか。その指に○をつけてください。

③みんなで何個おにぎりを食べたでしょうか。その数の分だけ○を書いてください。

④海からお家に帰る時の天気はどれでしょうか。選んで○をつけてください。

〈時間〉　各15秒

〈解答〉　①左下（電車）　②中指　③○６つ　④左下（曇り）

［2021年度出題］

学習のポイント

当校のお話の記憶は、例年標準的なレベルの問題が出題されています。ただし、答える内容がお話には直接出てこなかったり、少し考えなければいけない問題も見受けられるので、読み聞かせ＋αの対策が必要になります。はじめから細かな質問をする必要はありませんが、「どんなお話だった？」と聞くことで、「誰が」「どこで」「何を」「どうした」という、質問に出てくるような内容を思い出そうとします。これがお話の記憶のベースになります。これらのことが思い出せれば、お話の記憶で問われる多くの質問に答えることができるので、まずはお話のあらすじ（要約）を言えるようにしていきましょう。

【おすすめ問題集】

１話５分の読み聞かせお話集①・②、お話の記憶問題集 初級編・中級編・上級編、
Ｊｒ・ウォッチャー19「お話の記憶」

問題33　分野：図形（展開）

〈準備〉　鉛筆

〈問題〉　左の絵のように４つに折った折り紙を開いた時、穴はいくつ空いているでしょうか。右の四角の中にその数の分だけ○を書いてください。

〈時間〉　１分

〈解答〉　①○４つ　②○８つ　③○３つ

[2021年度出題]

学習のポイント

当校でよく見られる、基礎～発展へと徐々に難しくなっていくパターンの出題です。③はペーパー上で考えてもイメージしにくいので、実際に折り紙を折って、穴を開けて、開くという作業が必要になります。もちろん、理屈として考えても答えは出るのですが、小学校受験においてそうした解き方はあまり意味がありません。ここでは、図形問題を通して、折り紙を折ったり、切ったり、開いたりした「経験」を観ているのです。こうした経験は学習の基礎になります。小学校受験のためだけでなく、小学校入学後にも活きる力になってくるので、ペーパー学習だけでなく、「もの」を使った基礎学習も大切にしてください。

【おすすめ問題集】

Ｊｒ・ウォッチャー５「回転・展開」

問題34　分野：推理（系列）

〈準 備〉　鉛筆

〈問 題〉　あるお約束にしたがって動物が並んでいます。印のついているところに入る動物を下の四角の中から選んで、その印をつけてください。

〈時 間〉　１分

〈解 答〉　下図参照

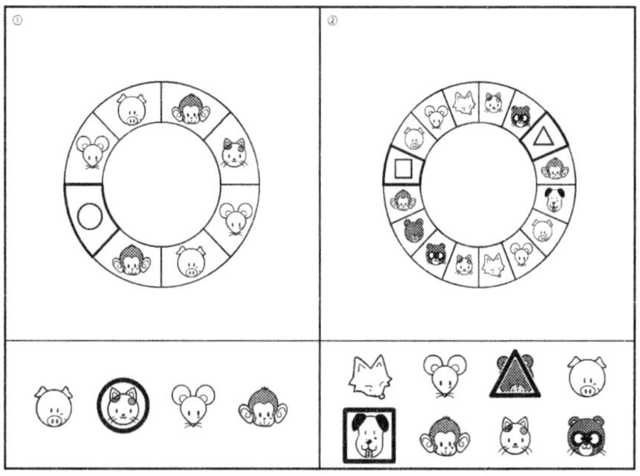

［2021年度出題］

学習のポイント

本問が直線の系列問題だったとしたら、難度はぐっと下がるでしょう。保護者の方は、直線も円もそれほど変わらないと考えるかもしれませんが、見た目が変わるだけでお子さまには違う問題に感じてしまうこともあるのです。特に系列は、指をずらしながら答えを探すという受験テクニック的な解き方もあります。そうした解き方しか知らなければ、出題の変化にはついていけません。何を問われているのかをしっかりと理解した上で問題に取り組んでいきましょう。系列の基本は規則性を見つけることです。もちろん、正解か不正解かは大切なことですが、学習を進めていく上では解き方や考え方も重要なポイントになります。

【おすすめ問題集】

Ｊｒ・ウォッチャー６「系列」

家庭学習のコツ③　効果的な学習方法～問題集を通読する

過去問題集を始めるにあたり、いきなり問題に取り組んではいませんか？　それでは本書を有効活用しているとは言えません。まず、保護者の方が、すべてを一通り読み、当校の傾向、ポイント、問題のアドバイスを頭に入れてください。そうすることにより、保護者の方の指導力がアップします。また、日常生活のさまざまなことから、保護者の方自身が「作問」することができるようになっていきます。

問題35　分野：数量（数のやりとり）

〈準備〉　鉛筆

〈問題〉　左の２つの四角の中にあるくだものを同じに数にするためには、１番左の四角の中からくだものをいくつ動かせばよいでしょうか。右の四角の中にその数の分だけ○を書いてください。

〈時間〉　１分

〈解答〉　①○１つ　②○２つ　③○３つ

［2021年度出題］

学習のポイント

くだものを動かすことで、数がどう変化するのかを理解できているかを観ている問題です。左から右へ１つ動かすということは、左が１つ減り、右が１つ増えるということです。こうした理屈をつかめるかどうかがポイントになります。数量の問題は、ペーパーよりもおはじきなどを使った方が理解しやすくなります。頭の中で考えるのではなく、実際におはじきを動かして考えてみましょう。本問は、数のやりとりの中ではわかりやすい問題と言えます。「アメを５つずつ持っていて、ＡさんがＢさんにアメを１つあげるとそれぞれアメをいくつ持っていますか」といった、同数から動かす問題の方がお子さまには難しいでしょう。余裕があればチャレンジしてみてください。

【おすすめ問題集】
Ｊｒ・ウォッチャー43「数のやりとり」

問題36　分野：言語（いろいろな言葉）

〈準備〉　鉛筆

〈問題〉　①「やったー！」という言葉に合う顔はどれでしょうか。選んで○をつけてください。
②「がっくり」という言葉に合う顔はどれでしょうか。選んで○をつけてください。
③「プンプン」という言葉に合う顔はどれでしょうか。選んで○をつけてください。

〈時間〉　各15秒

〈解答〉　①右から２番目　②右から２番目　③左から２番目

［2021年度出題］

学習のポイント

感情を表す言語の問題ですが、学校はそういった表現を知識として知ってほしいと考えているのではなく、生活の中でこうした表情をしたことがあったり、見たことがあったりといった経験の有無を観ていると言えるでしょう。今はコロナ禍でお友だちの表情が見えにくかったりするので、実際に体験することが難しくなっています。その分、家庭の中で伝えていく必要があるのかもしれません。小学校受験の言語の問題では、本問のような感情や動作などを表す言葉が出題されるようになってきています。今後も、単にものの名前を問うのではなく、より生活に密着した問題が多くなっていくと考えられます。

【おすすめ問題集】
　　Ｊｒ・ウォッチャー18「いろいろな言葉」

問題37　分野：常識（理科）

〈準備〉　鉛筆

〈問題〉　①卵で生まれる生きものはどれでしょうか。選んで○をつけてください。
②土の中で育つ野菜はどれでしょうか。選んで○をつけてください。
③チーズは何からできるでしょうか。選んで○をつけてください。

〈時間〉　各20秒

〈解答〉　①右から２番目（カエル）　②左から２番目（ダイコン）　③右端（牛乳）

［2021年度出題］

学習のポイント

小学校受験の王道とも言える理科常識の問題です。理科常識と言われる問題ではありますが、生活常識の範疇でとらえていた方がよいでしょう。学習として知識を得るのではなく、生活の中で知識を身に付けられるようにしてあげてください。②③などは、お買い物や料理などの時に知識を伝えてあげれば、ペーパー学習では得ることのできない、より深い学びになります。そうした生活の中で得た知識を土台にして、ペーパー学習で知識の整理をしていくことで、試験にも対応できる力が育っていきます。小学校受験すべてに共通することですが、まずは体験や生活での学びを基本に考えていきましょう。

【おすすめ問題集】
　　Ｊｒ・ウォッチャー27「理科」、55「理科②」

問題38　分野：推理（置き換え）

〈準備〉　鉛筆

〈問題〉　上の段のお手本のように、長靴には×を、スニーカーには○を、上履きには△を下の段のそれぞれの絵の右の四角の中に書いてください。

〈時間〉　1分30秒

〈解答〉　下図参照

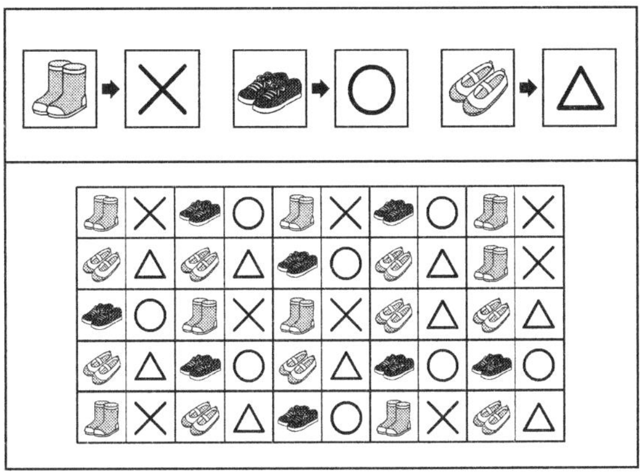

［2021年度出題］

学習のポイント

ここでは置き換えの問題としていますが、観られているのは単純な処理能力と言えるかもしれません。例年、形は変わりますが、同様の出題が見られます。スピードを考えれば、同じ印をまとめて書いてしまった方が早いと思いますが、置き換えの問題として考えれば1つひとつ対応していくことが求められるでしょう。どちらを選ぶのかは、時間との兼ね合いになってきます。1番よくないパターンは、印ごとにまとめて書いているのに最後までできないことです。そうすると、ところどころ空欄になってしまいます。スピードを求めたにも関わらず時間切れになってしまったのでは……と思われて、あまり印象がよくないかもしれません。

【おすすめ問題集】
Jr・ウォッチャー57「置き換え」

問題39　分野：線図形（模写）

〈準備〉　鉛筆

〈問題〉　上の四角に書かれている線を、同じように下の四角に書き写してください。

〈時間〉　1分30秒

〈解答〉　省略

［2021年度出題］

学習のポイント

当校の入試で例年出題されている線図形・模写の問題です。①縦横線、②斜め線、③曲線と問題が進むにしたがって難しくなっていくという当校らしい特徴のある問題です。本問には、図形問題としての理解と巧緻性という2つの観点があります。つまり、頭の中で形や座標をしっかり把握できていても、きちんと線が引けなければ正解とは認められません。また、模写がうまくできないお子さまは、形を意識しすぎる傾向があります。形だけを見て書き写してしまうので、座標がずれてしまうのです。線がどこから始まってどこで終わるのかを意識させるくせをつけましょう。

【おすすめ問題集】
　Ｊｒ・ウォッチャー1「点・線図形」、2「座標」、51「運筆①」、52「運筆②」

問題40　分野：行動観察

〈準備〉　新聞紙、セロハンテープ、折り紙

〈問題〉　**この問題の絵はありません。**

①制作
・新聞を細く折ってセロハンテープで留めて輪っかを作る。できたら、折り紙をちぎって自由に貼って飾り付けをする。

②口頭試問
・制作の途中に1人ずつ声をかけられ、「今日は誰とどうやって来ましたか？」と質問される。

③指示行動
・先生と同じように動く。手でグーチョキパー、足でグーパー、片足立ちなど。

④①で作った輪っかを使ったゲーム
・太鼓が1回鳴ったら輪っかの中に座る。2回鳴ったらスキップをする。3回鳴ったらケンケンをするなど。

※輪っかをハンドルに見立てて走るリレー形式のゲームもあったようです。

〈時間〉　適宜

〈解答〉　省略

［2021年度出題］

学習のポイント

コロナ禍での試験ということで、お子さま同士が接触しない形で行動観察が行われました。課題としては指示行動が中心になります。集団行動とは違い相互のコミュニケーションではありませんが、「指示を聞く」「指示通りに行動する」というのも1つのコミュニケーション能力と言えるのかもしれません。現在の状況を考えると2022年度入試でも、接触を避ける形での課題になると考えられます。特別な対策が必要な課題ではありませんが、ふだんの生活を通して、「聞く」「理解する」「行動する」といった指示行動の基本を学ばせていくようにしましょう。そうした基本は、行動観察だけでなくペーパーテストでも同様です。

【おすすめ問題集】
　実践 ゆびさきトレーニング①・②・③、新 運動テスト問題集、
　Ｊｒ・ウォッチャー29「行動観察」

問題 1

①

②

③

④

日本学習図書株式会社

問題 2

①

②

③

④

無断複製／転載を禁ずる

日本学習図書株式会社

問題3

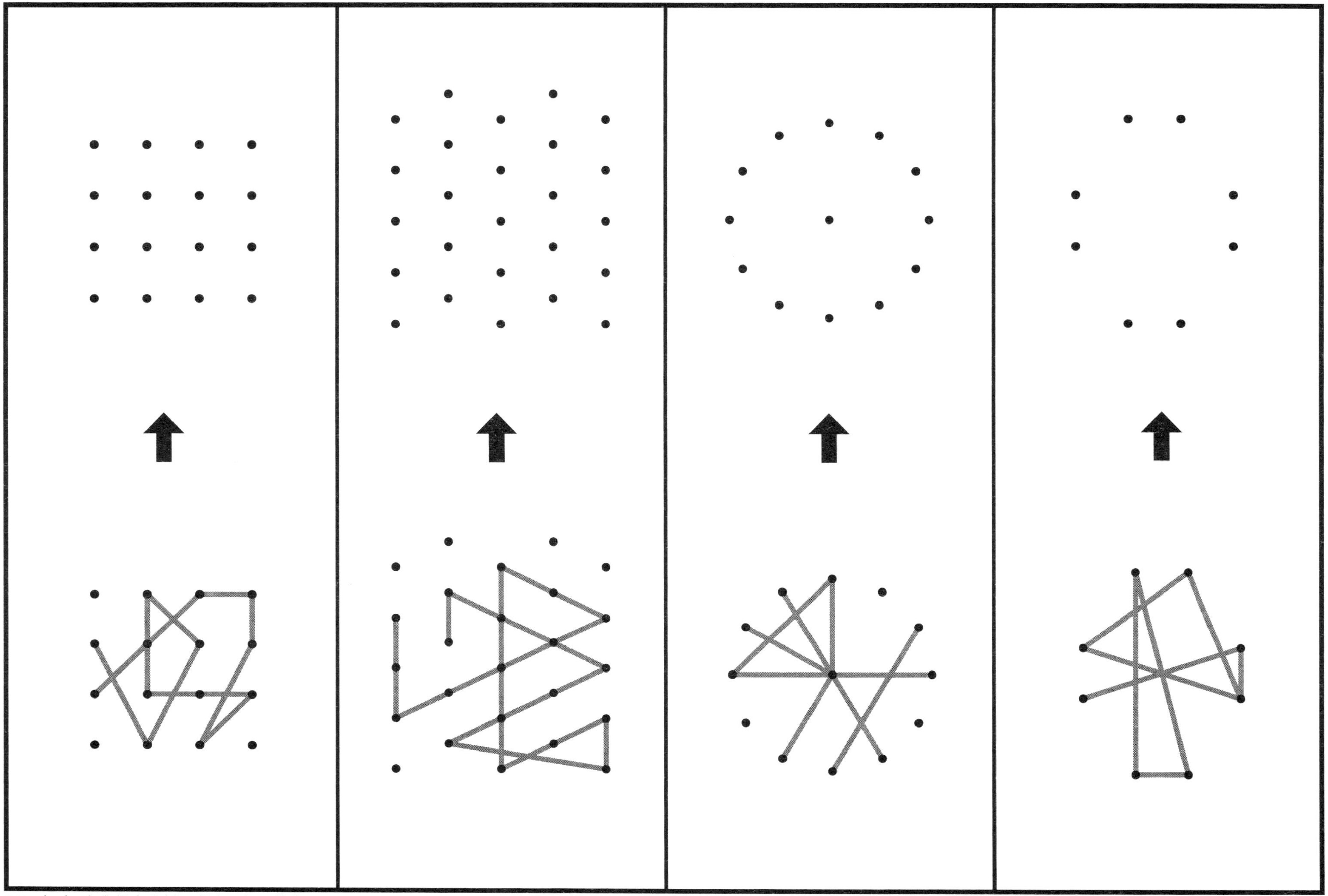

日本学習図書株式会社

2024年度 東京都市大付　過去　無断複製/転載を禁ずる　　　日本学習図書株式会社

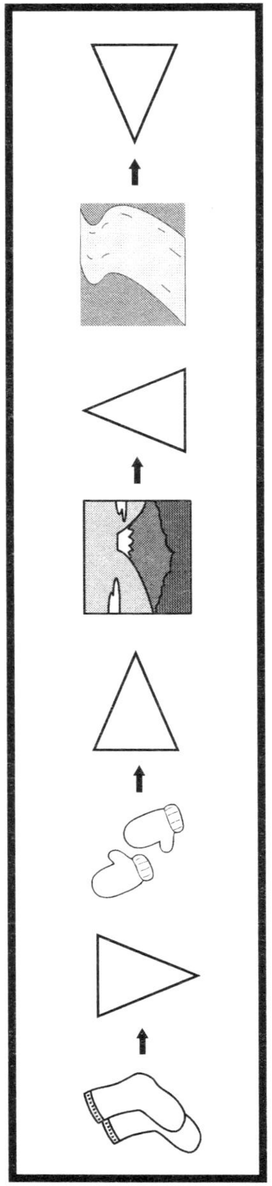

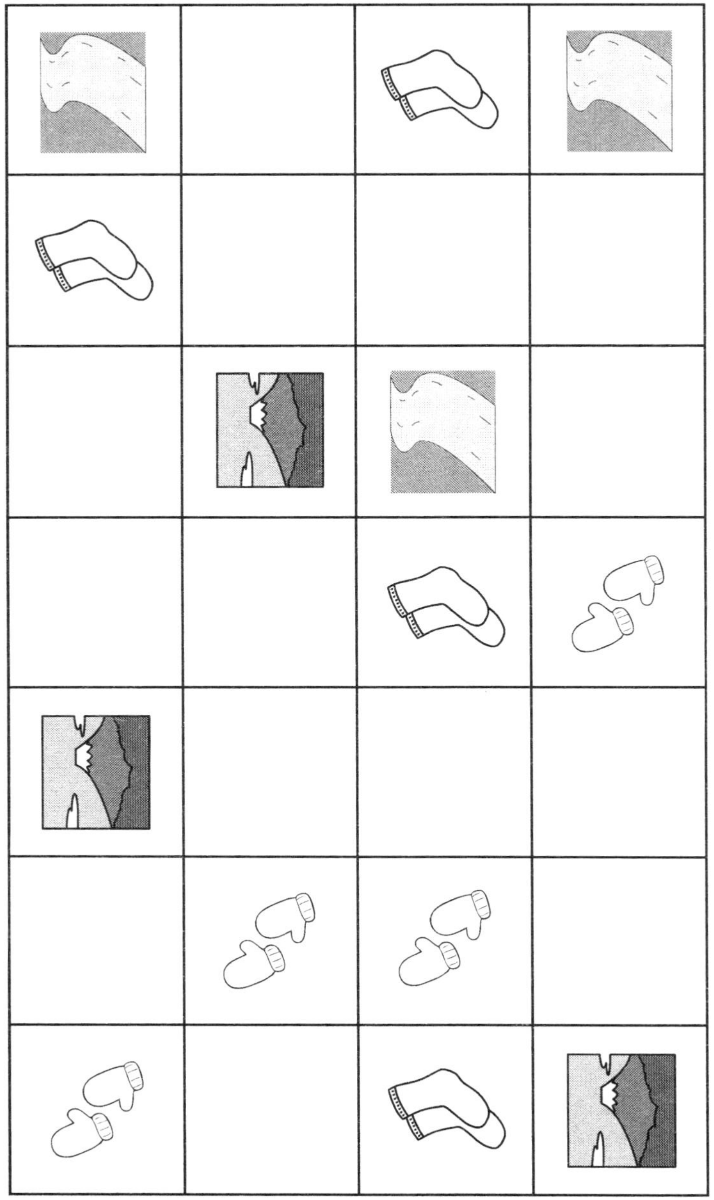

日本学習図書株式会社

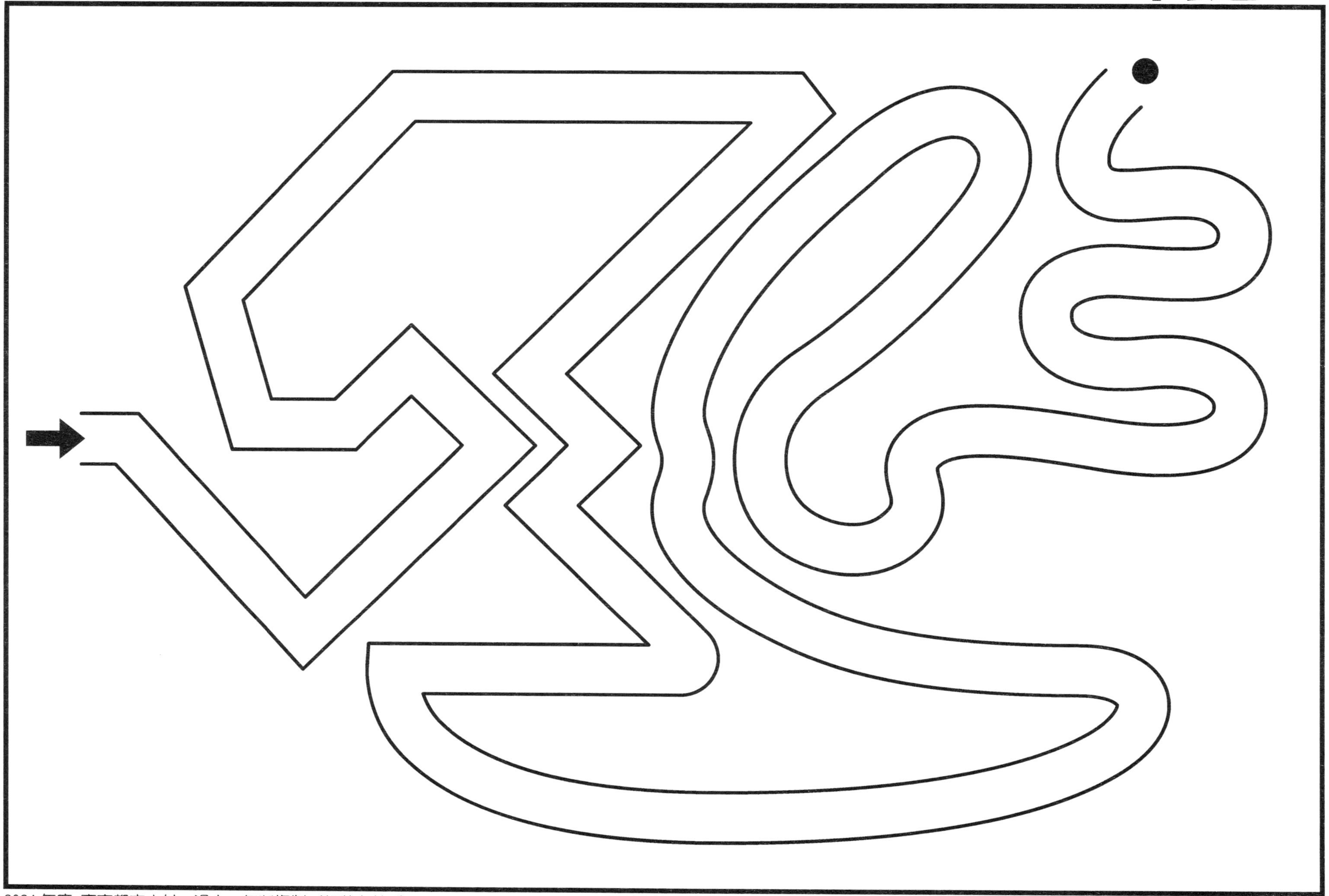

問題 6

①

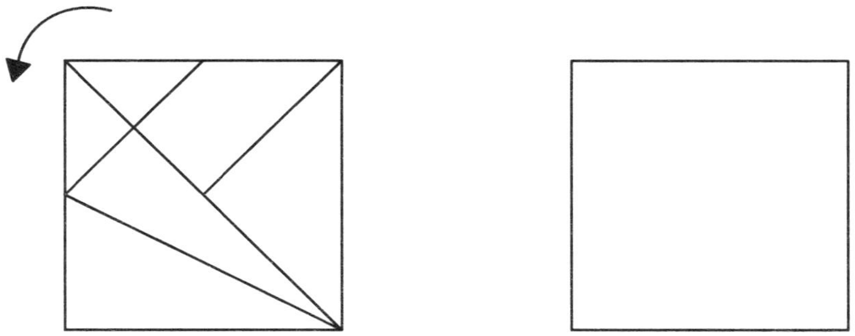

②

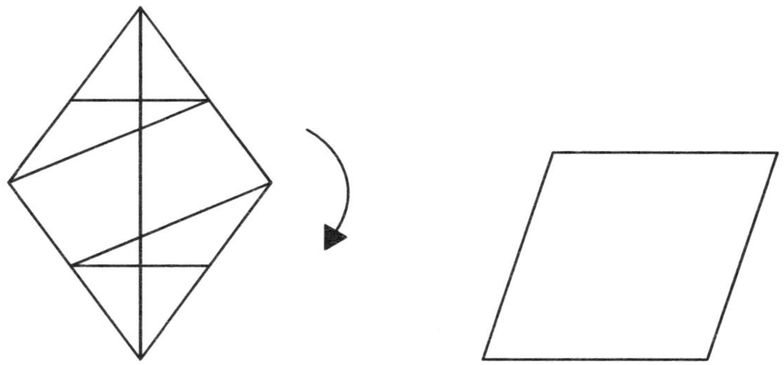

③

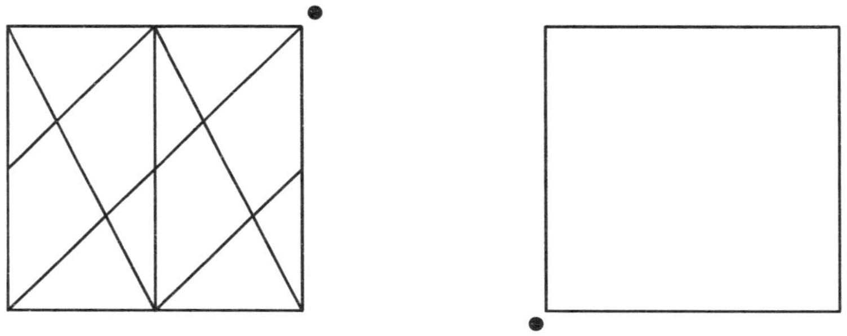

④

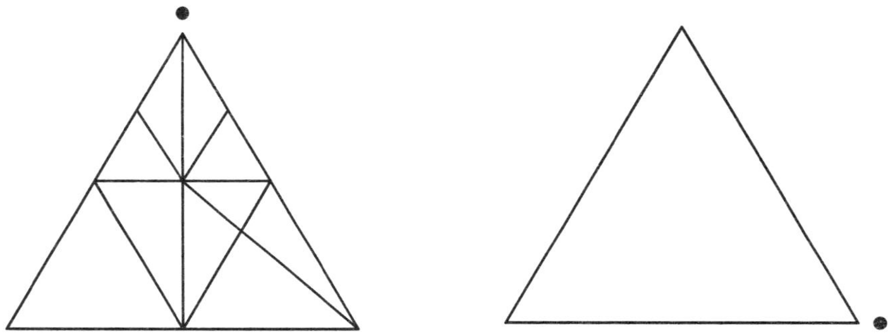

⑤

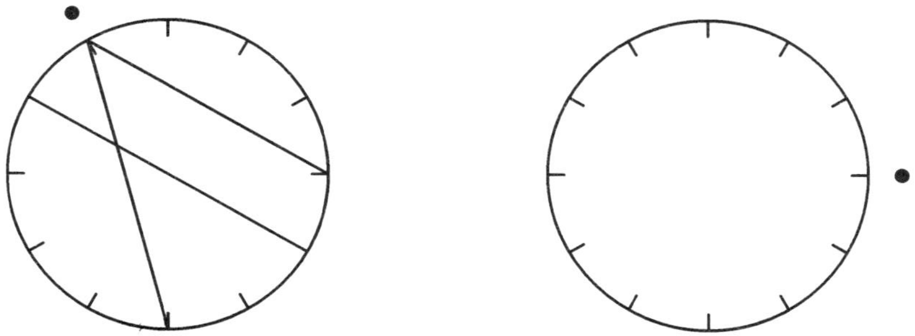

⑥

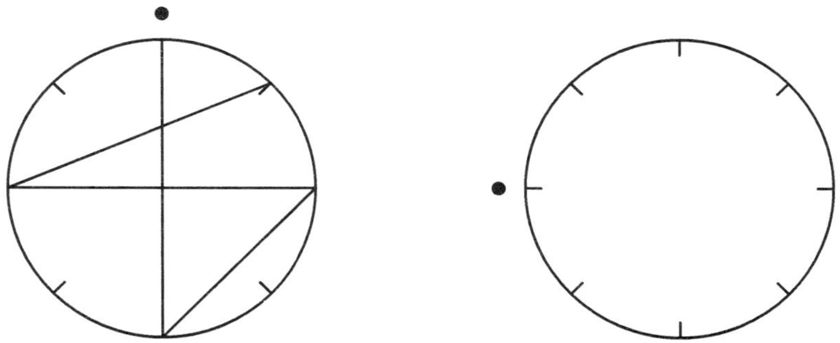

無断複製／転載を禁ずる

問題7

①

②

③

④

日本学習図書株式会社

問題8

①

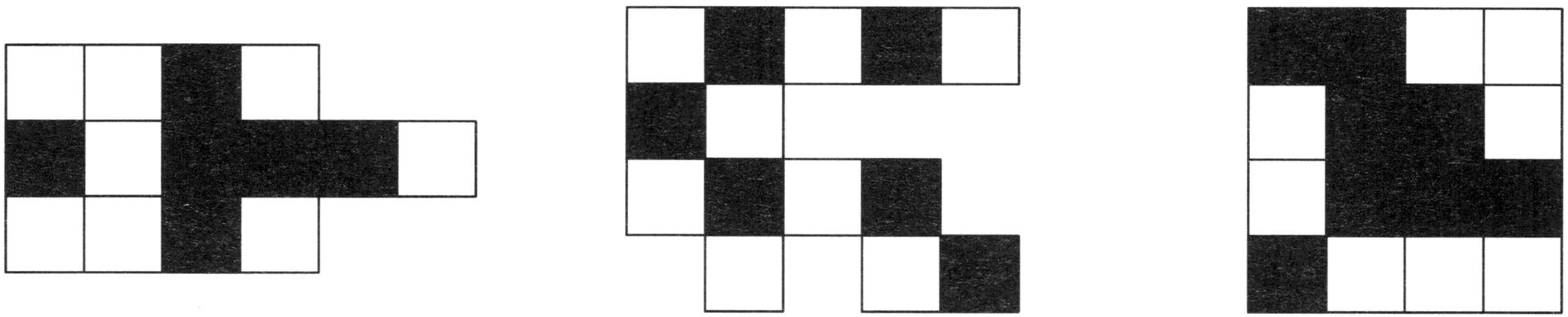

②

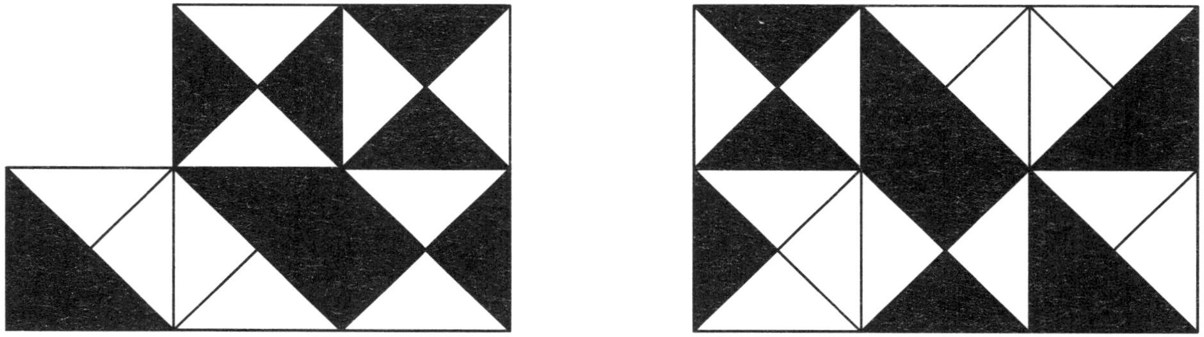

③

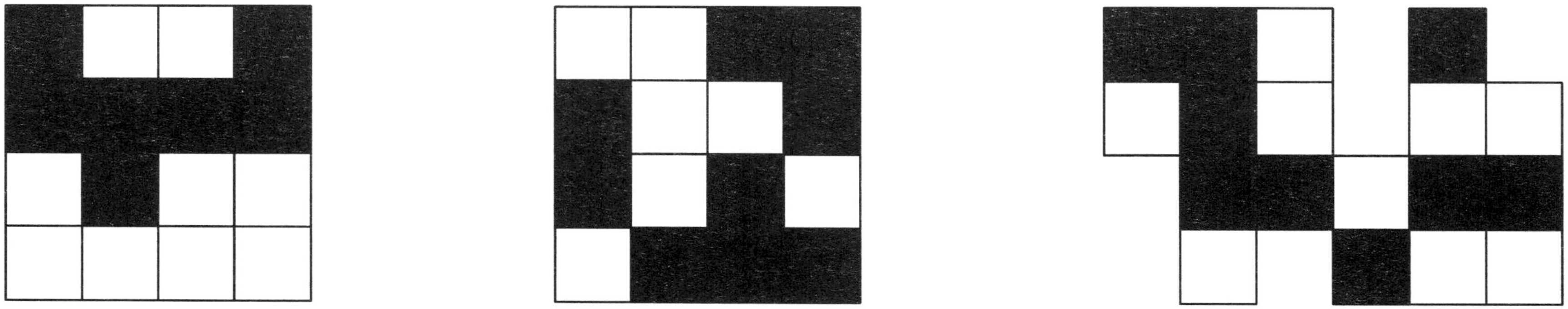

 無断複製／転載を禁ずる

日本学習図書株式会社

2024 年度 東京都市大付 過去 無断複製/転載を禁ずる 日本学習図書株式会社

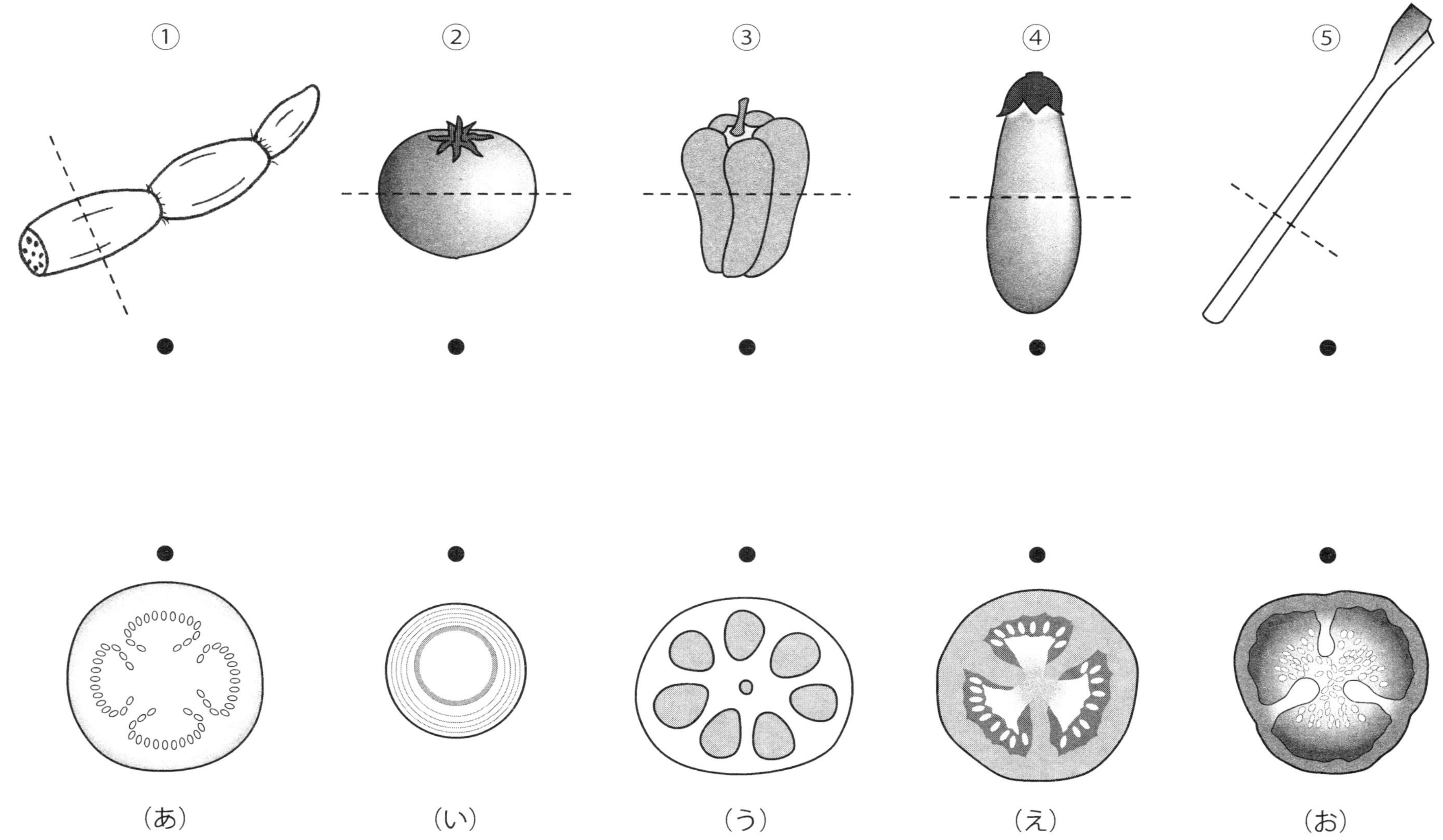

問題１０

①

②

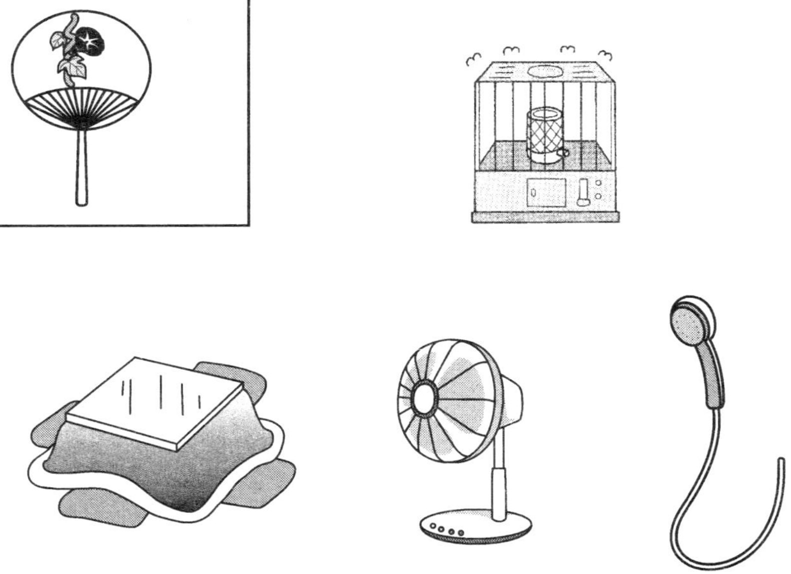

③

④

2024 年度 東京都市大付　過去　無断複製／転載を禁ずる

日本学習図書株式会社

2024年度 東京都市大付　過去　無断複製/転載を禁ずる　日本学習図書株式会社

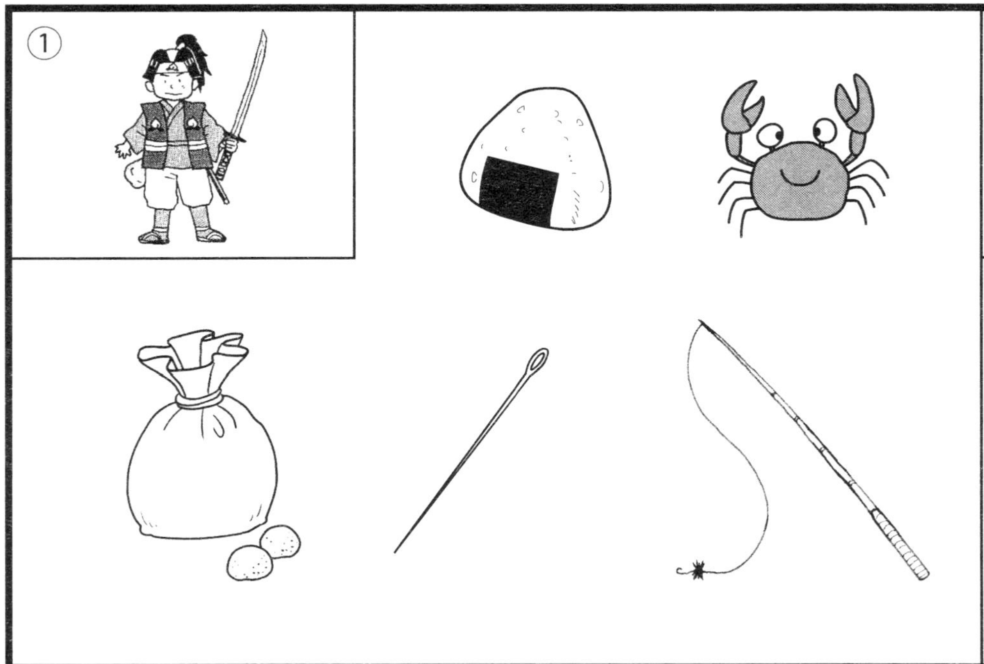

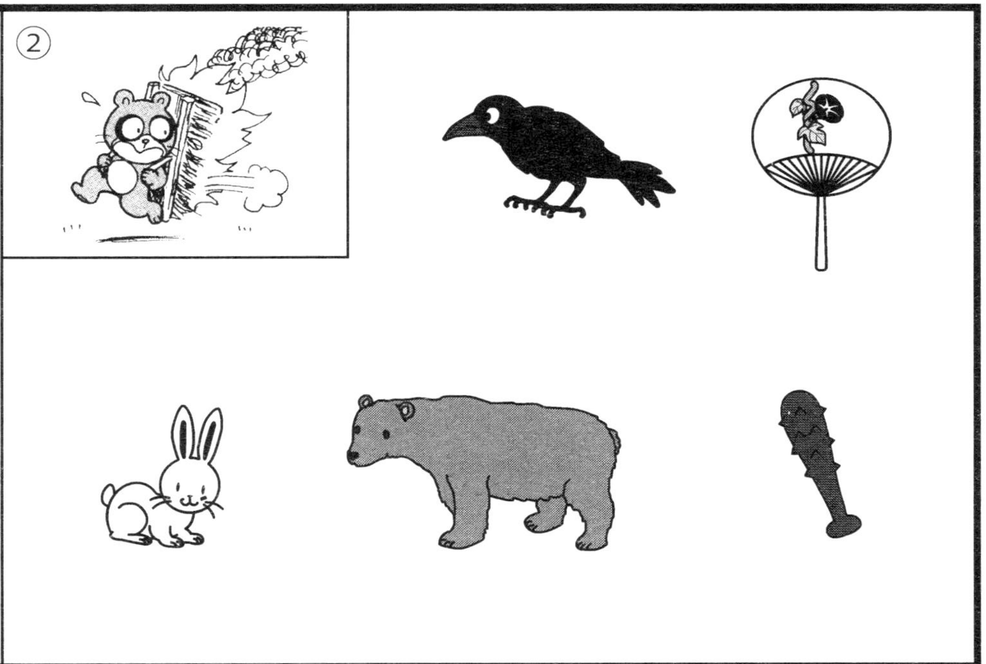

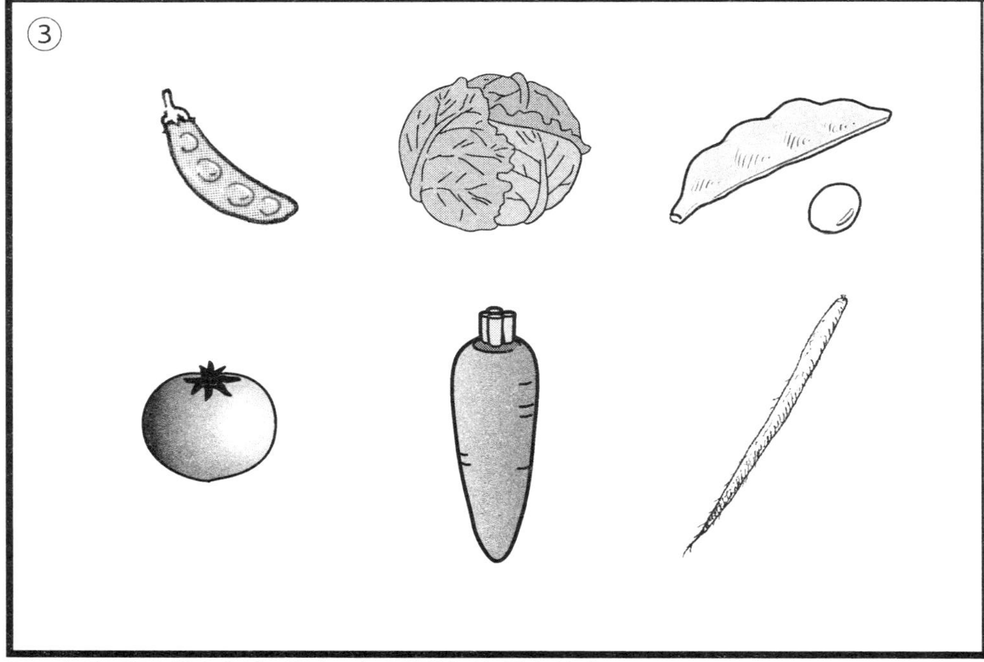

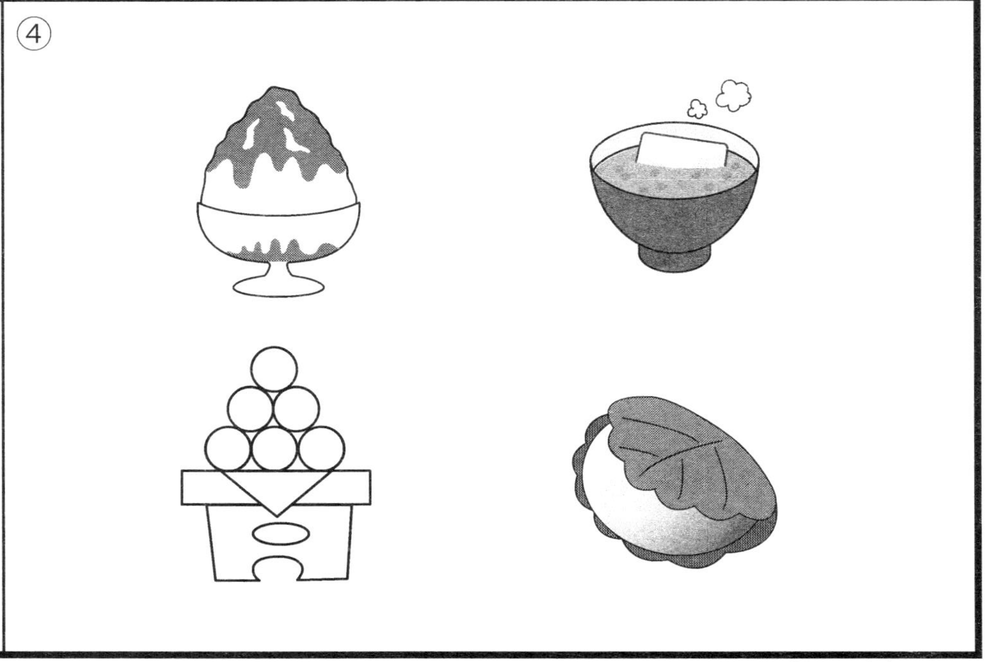

2024年度 東京都市大付　過去　無断複製/転載を禁ずる　日本学習図書株式会社

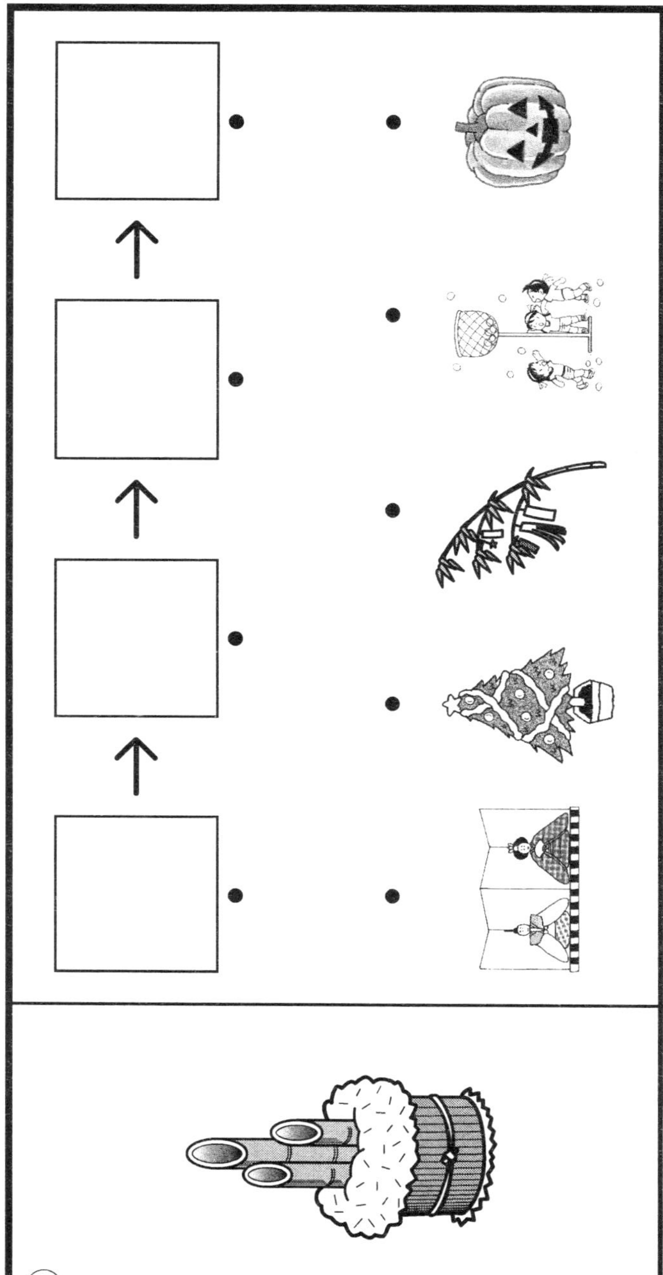

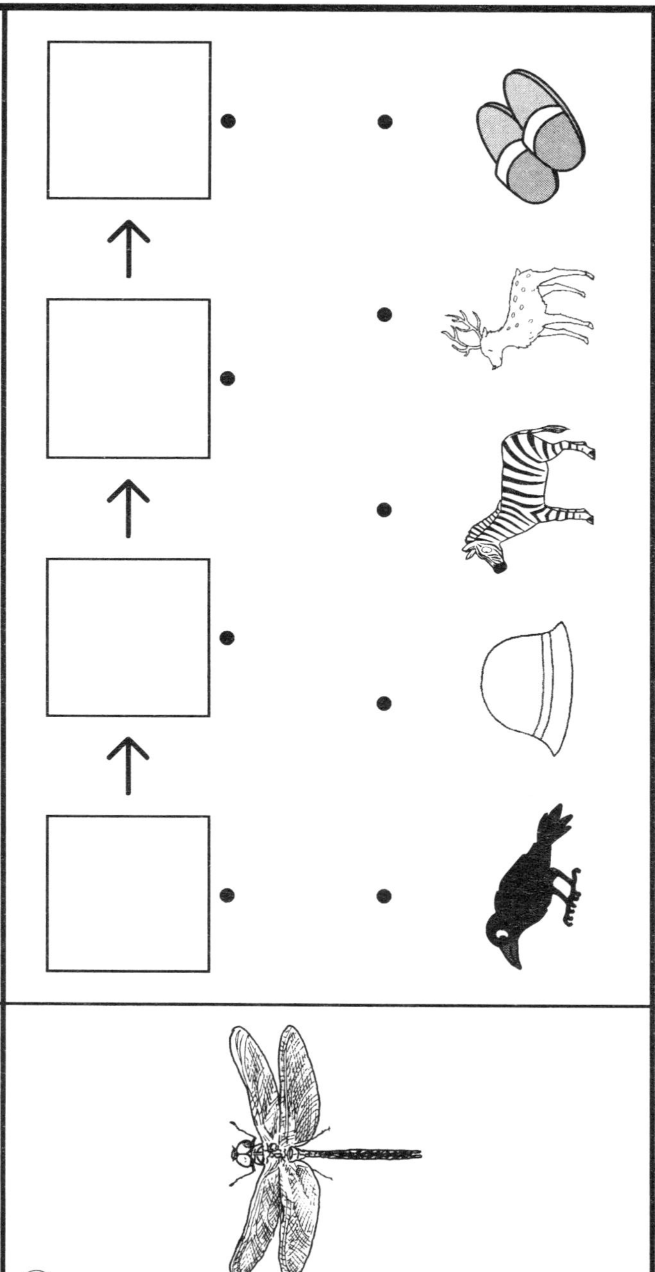

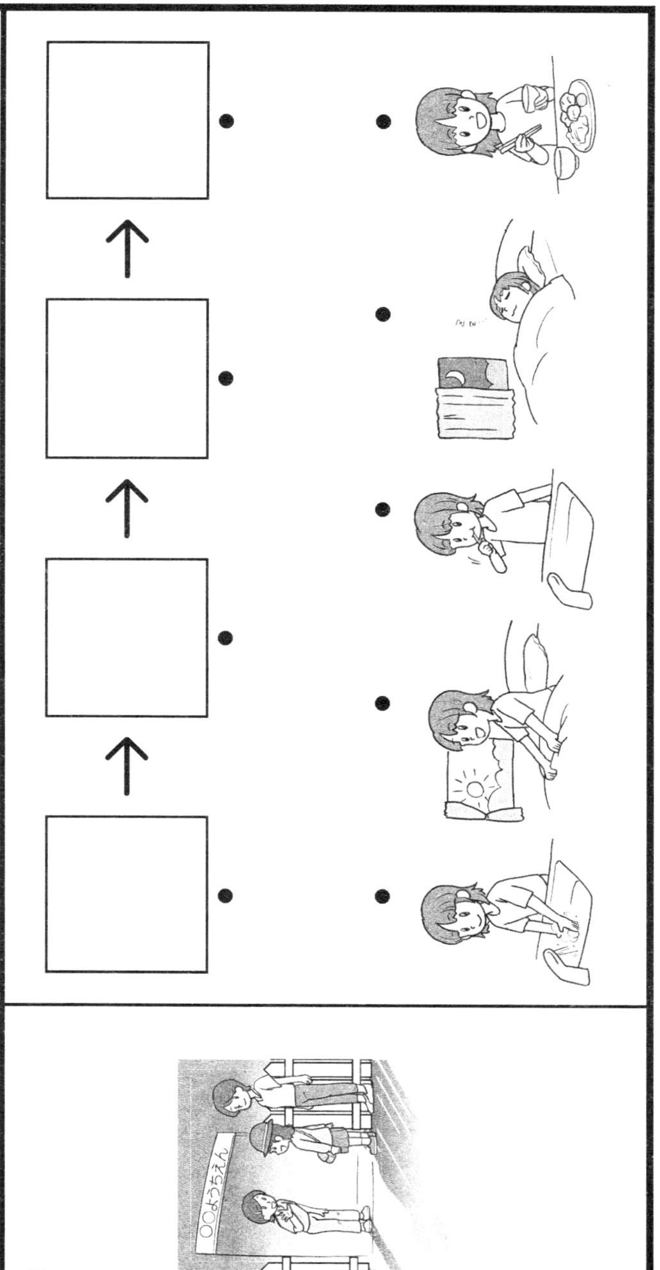

問題１６

①

②

③

④

無断複製／転載を禁ずる

日本学習図書株式会社

問題17

① ② ③

2024 年度 東京都市大付　過去　無断複製／転載を禁ずる

日本学習図書株式会社

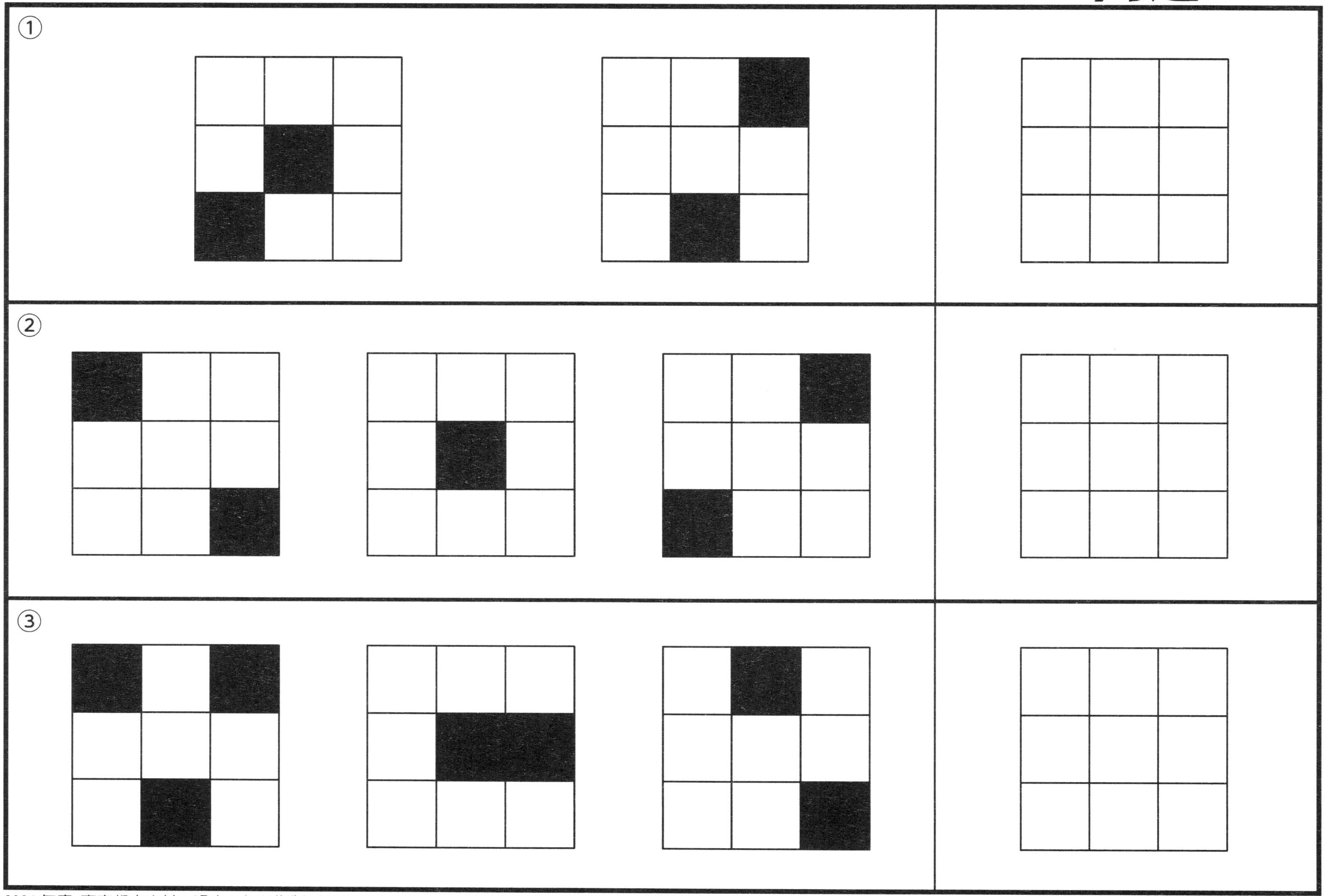

2024年度 東京都市大付 過去 無断複製／転載を禁ずる　日本学習図書株式会社

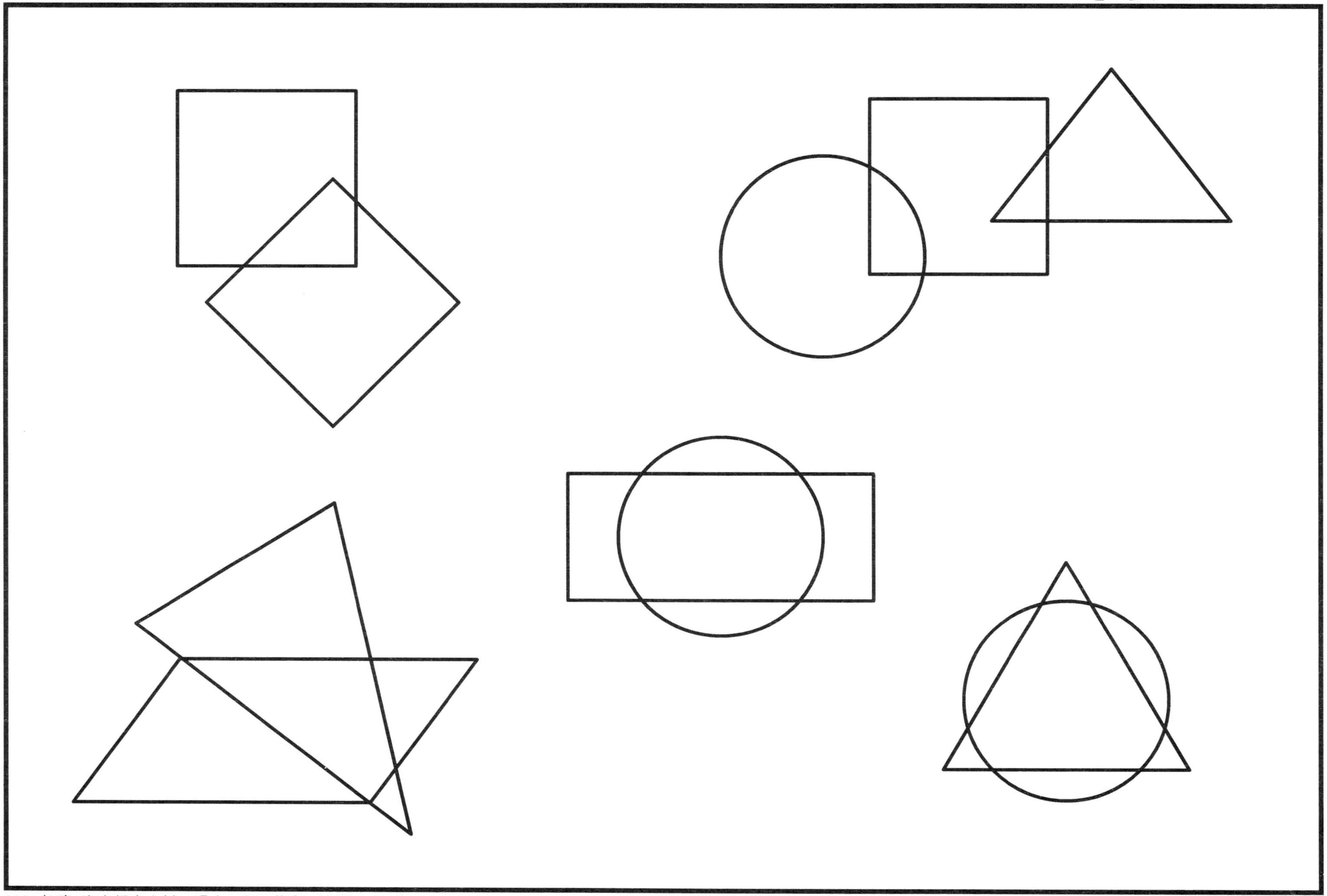

2024年度 東京都市大付 過去 無断複製/転載を禁ずる　日本学習図書株式会社

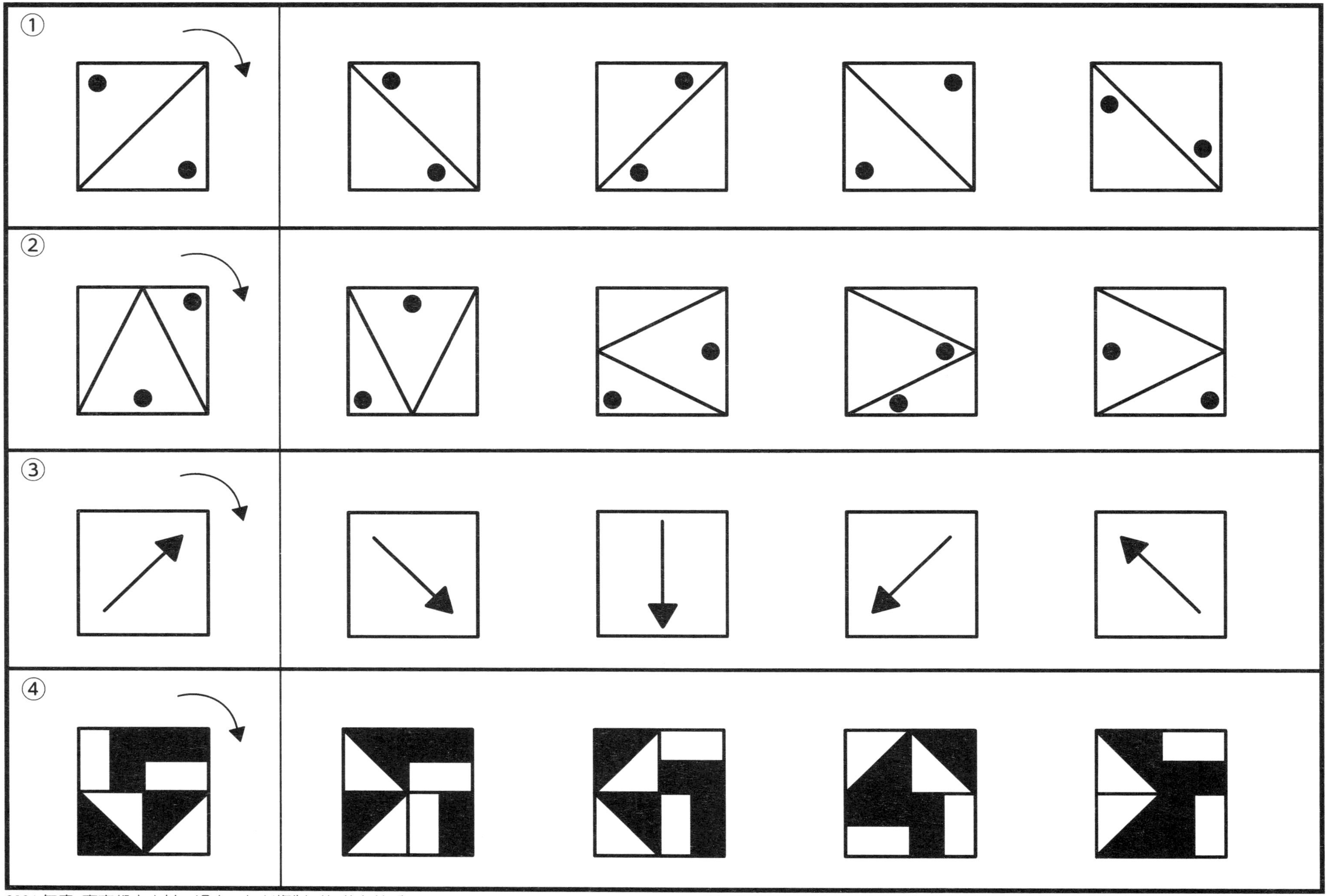

問題２０

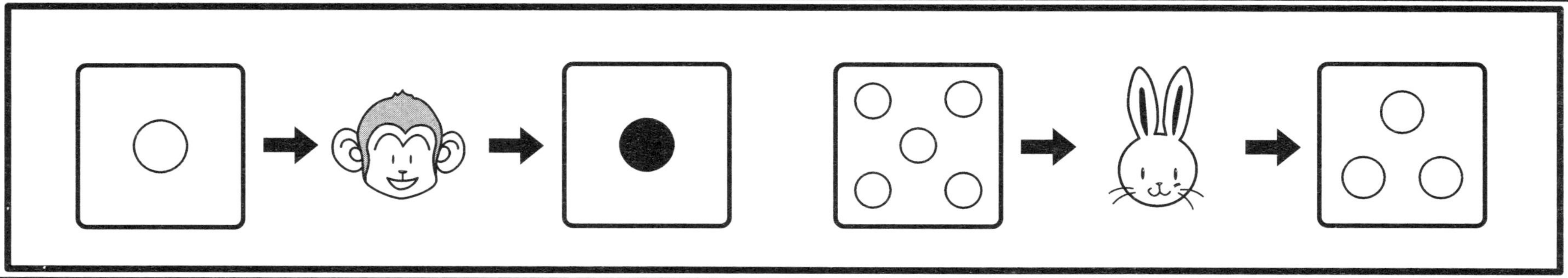

①

②

③

問題２１

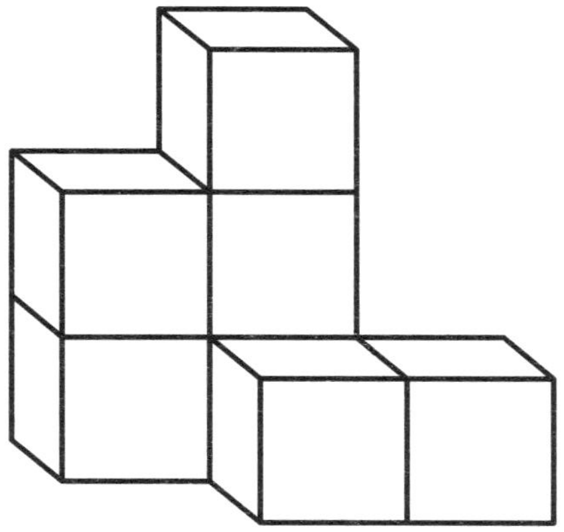

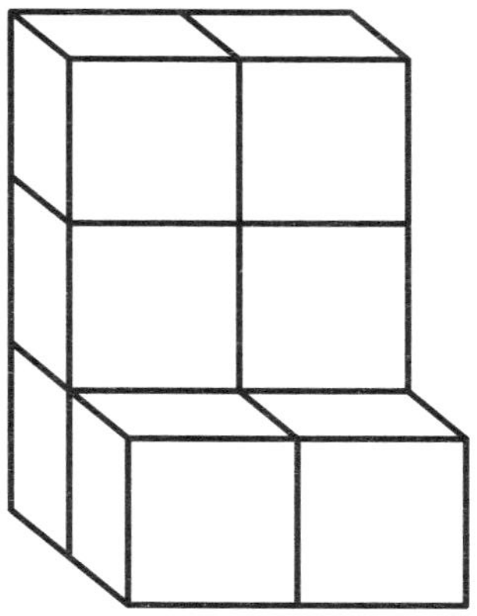

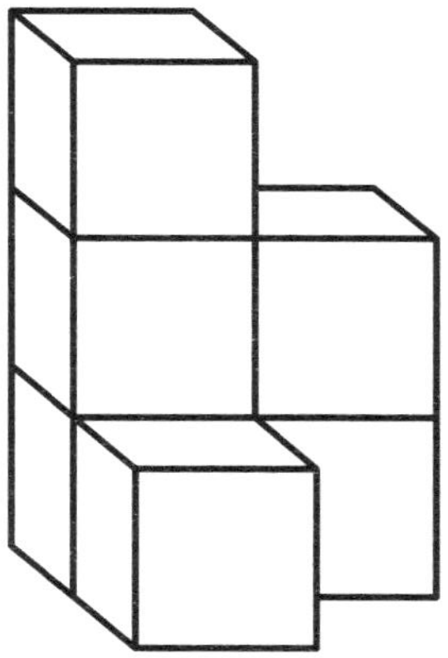

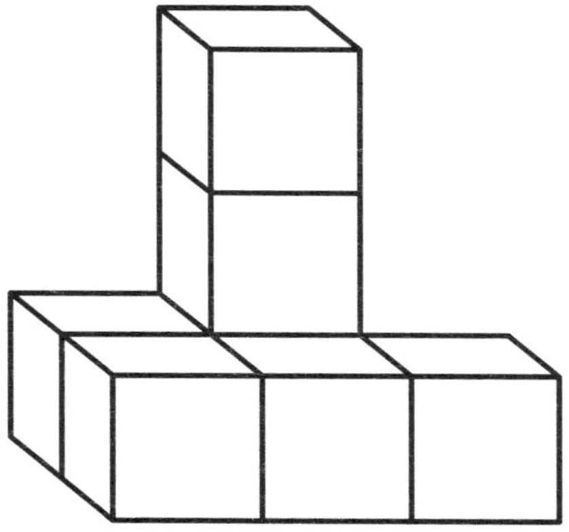

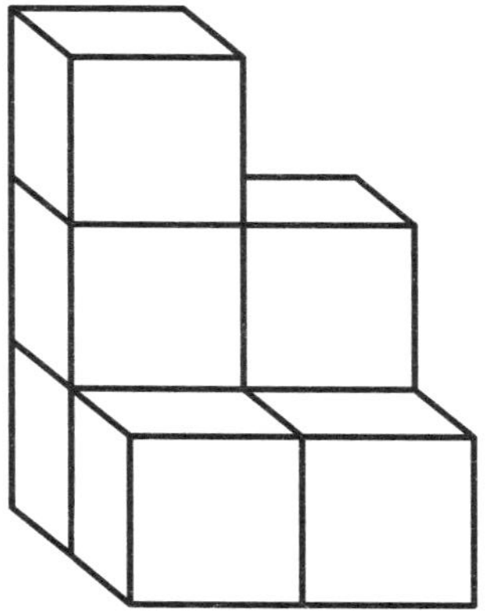

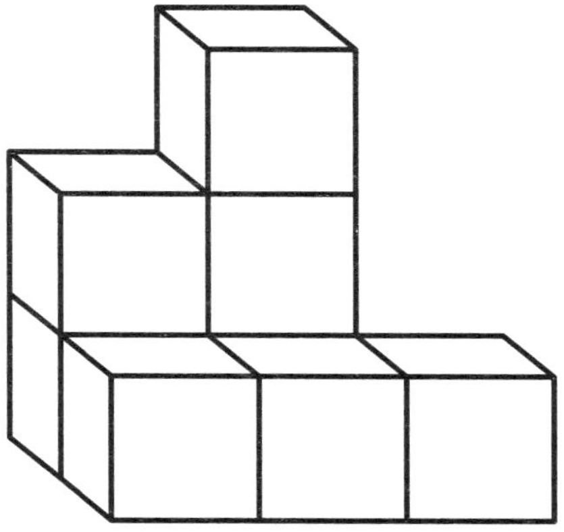

問題２２

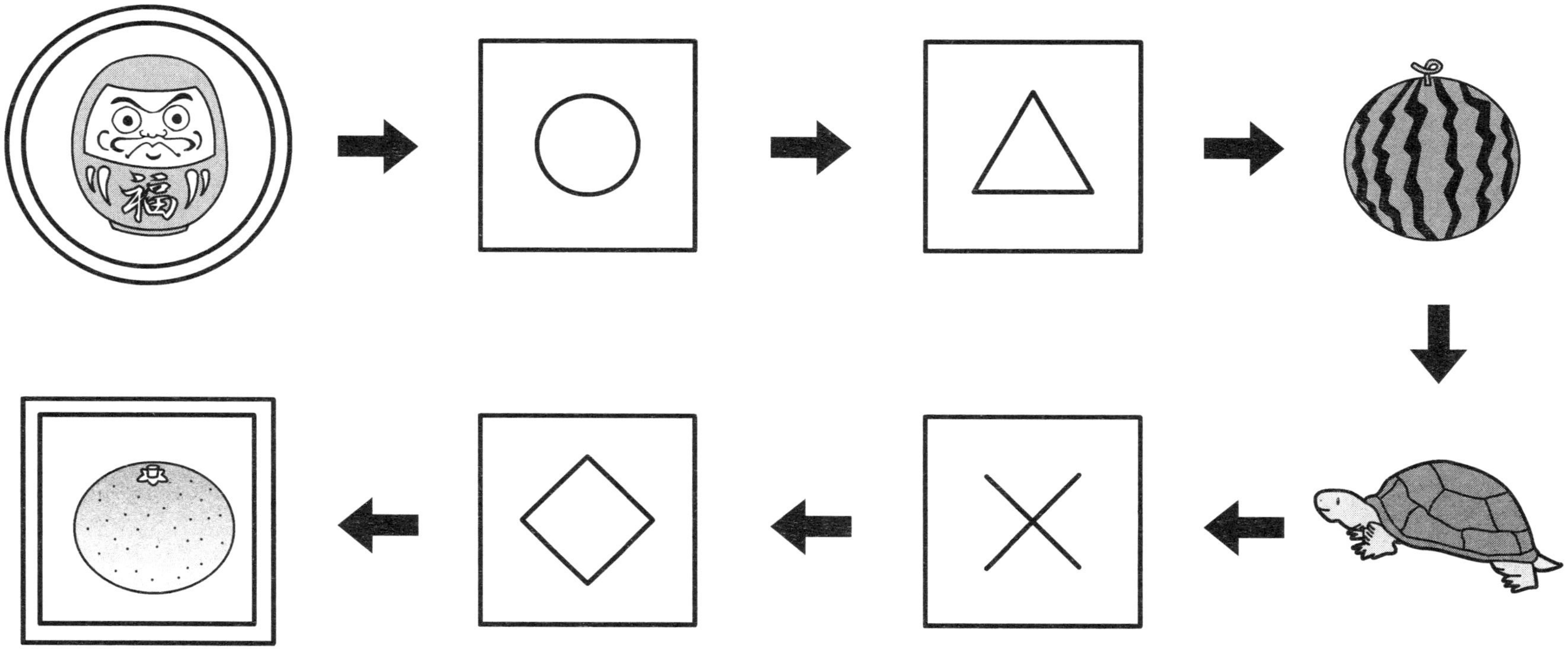

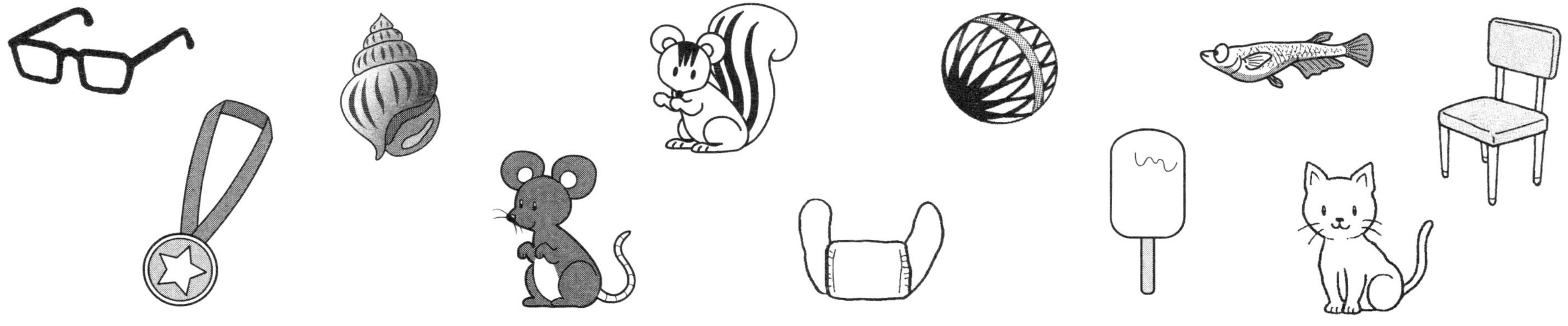

問題２３

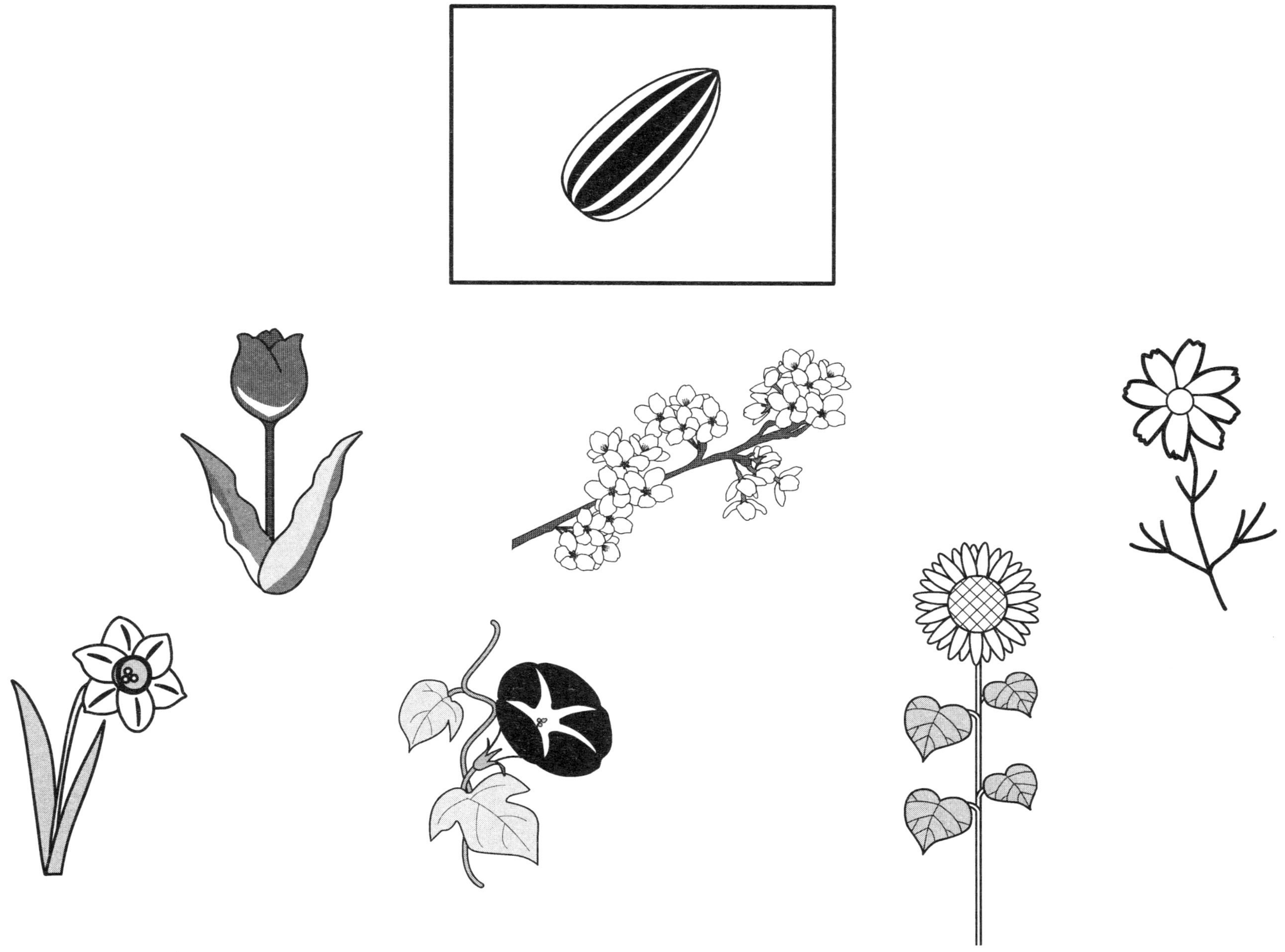

　無断複製／転載を禁ずる

2024 年度 東京都市大付 過去 無断複製／転載を禁ずる 日本学習図書株式会社

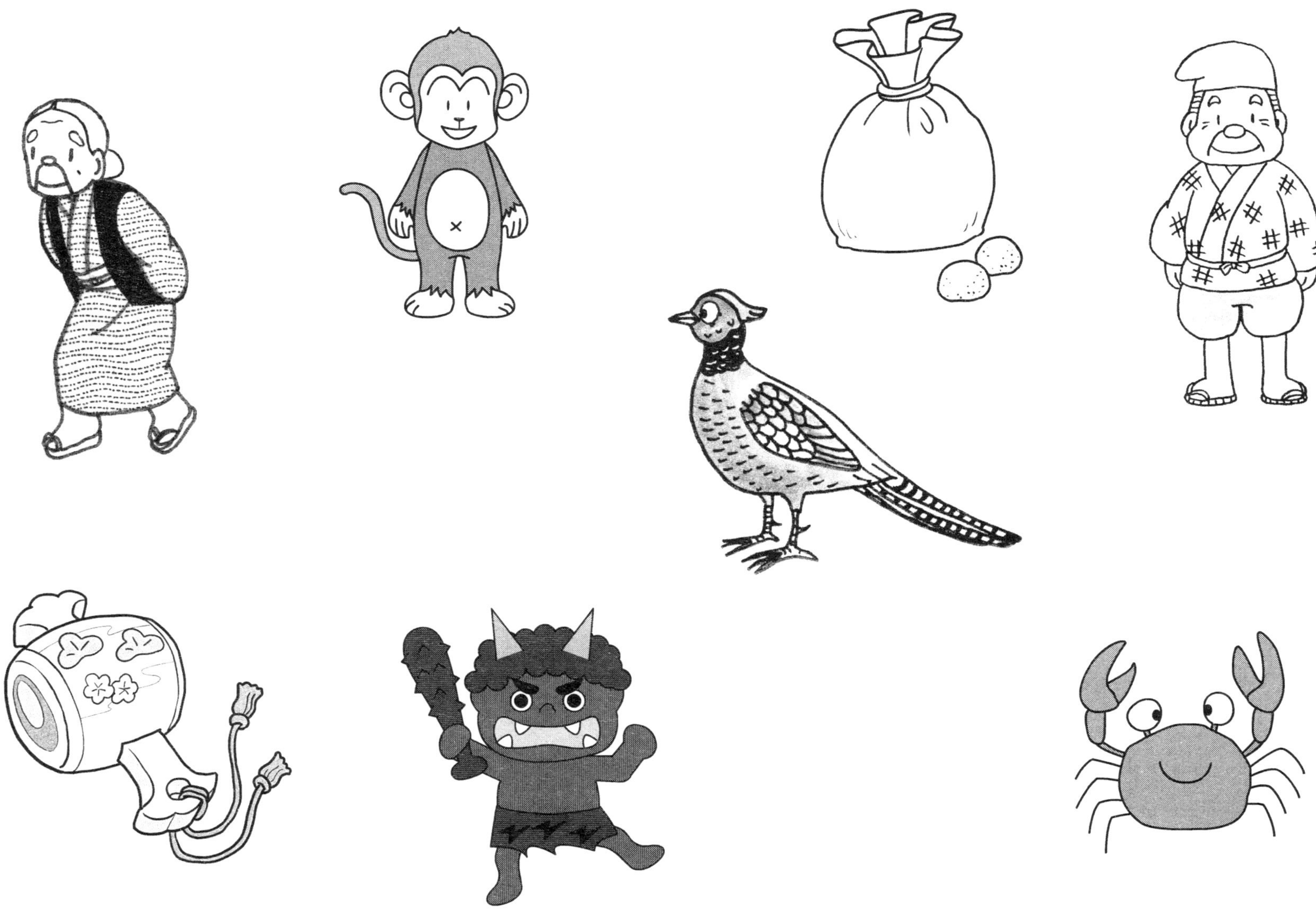

2024年度 東京都市大付 過去 無断複製／転載を禁ずる 日本学習図書株式会社

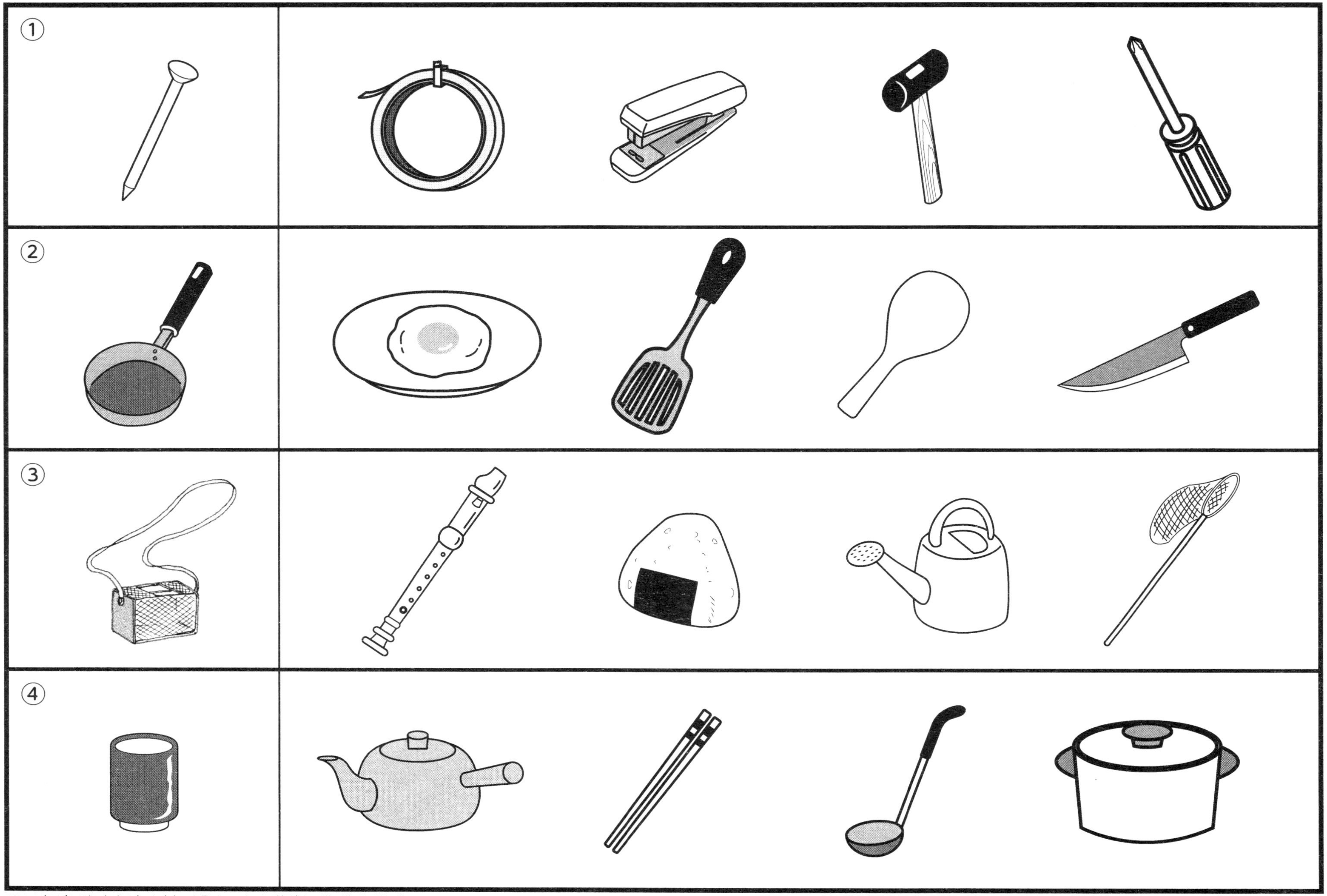

問題26

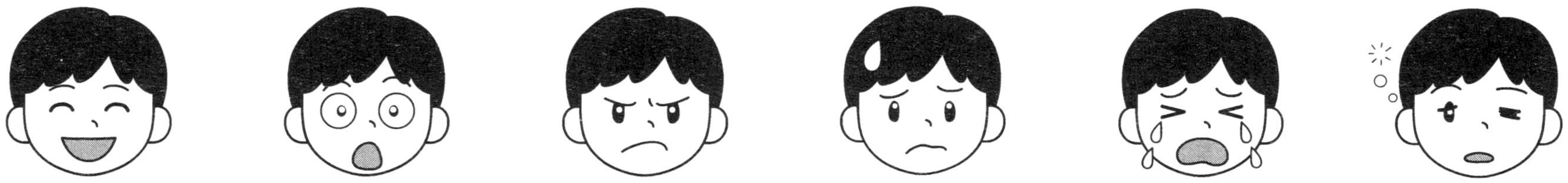

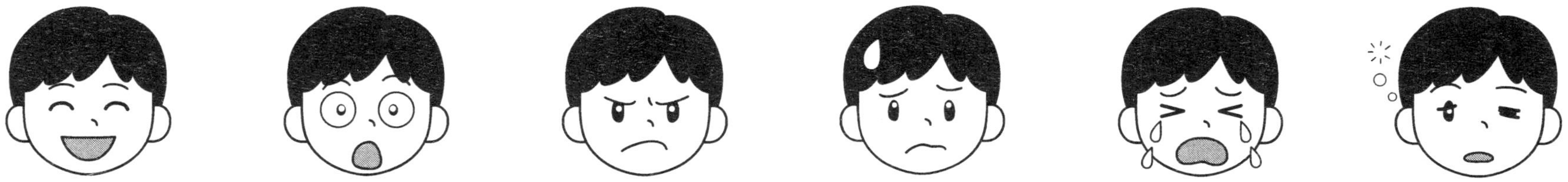

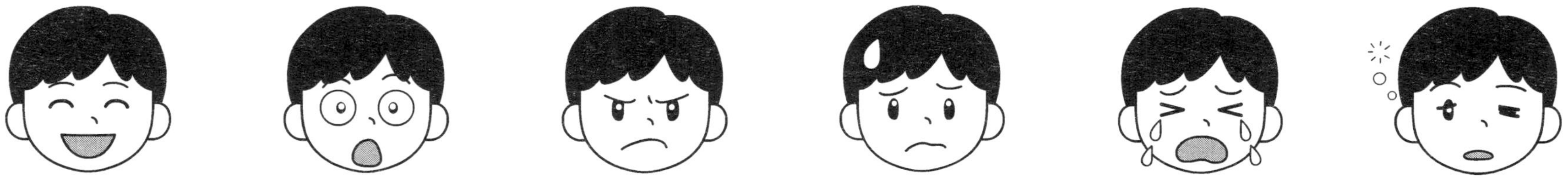

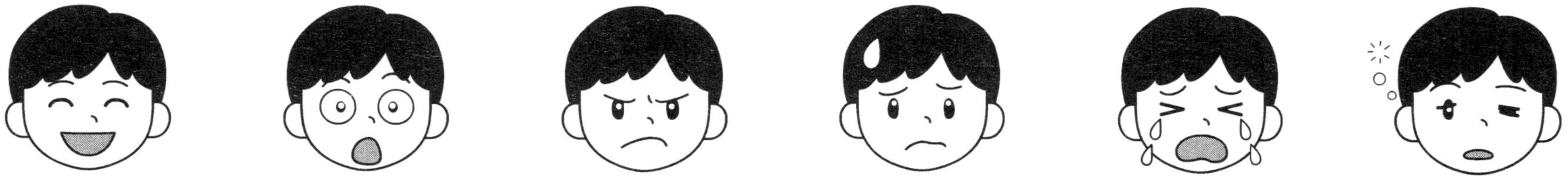

①

②

③

④

2024 年度 東京都市大付 過去 無断複製／転載を禁ずる

日本学習図書株式会社

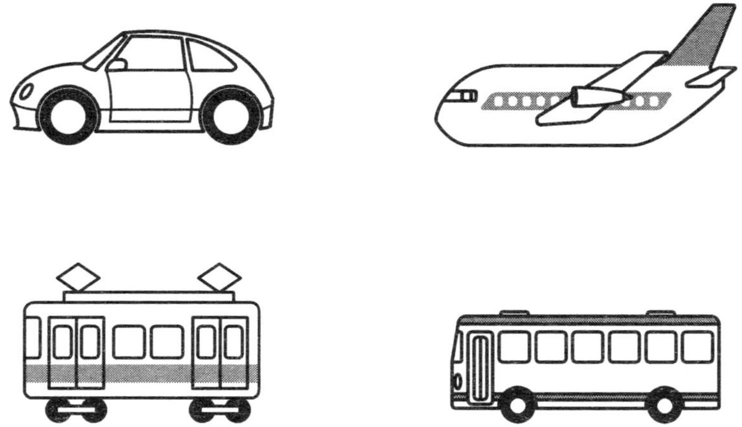

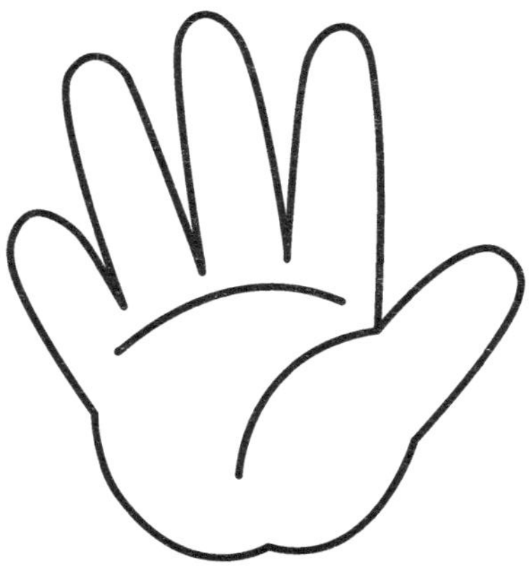

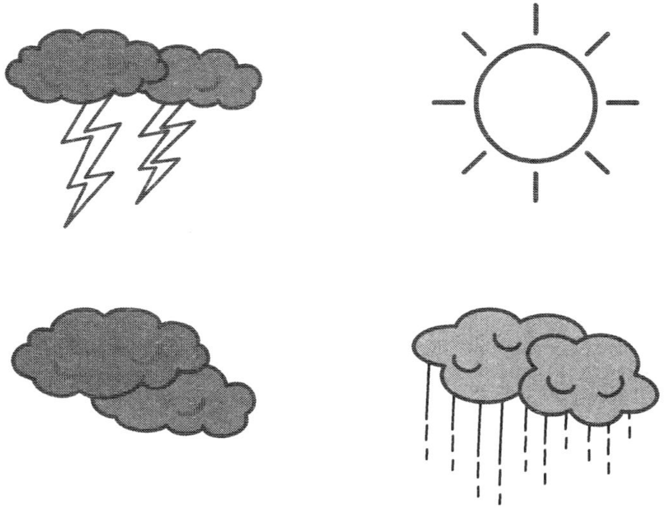

問題 33

2024年度 東京都市大付 過去 無断複製／転載を禁ずる 日本学習図書株式会社

①
②
③

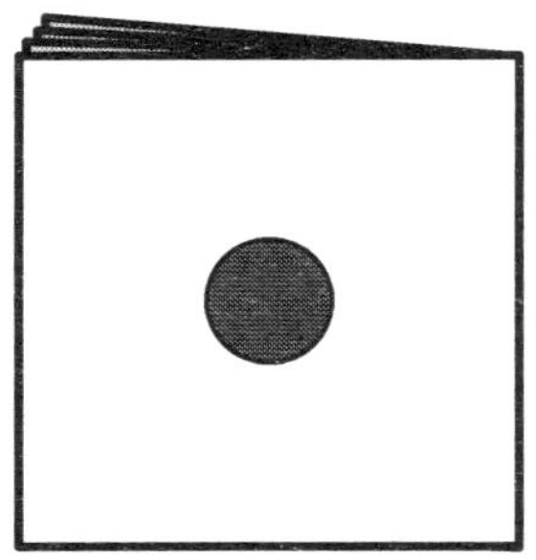

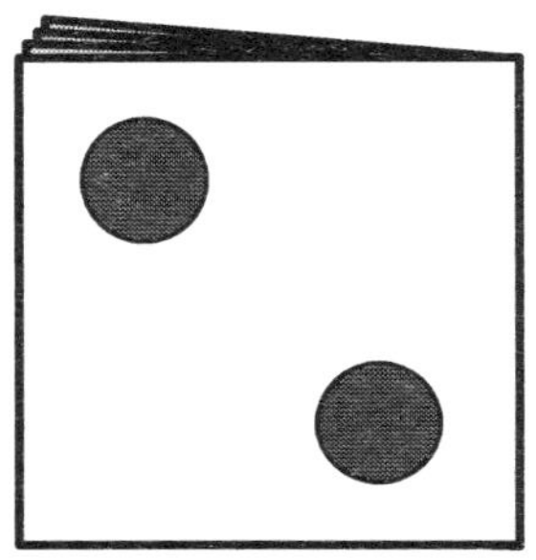

2024 年度 東京都市大付 過去 無断複製／転載を禁ずる　日本学習図書株式会社

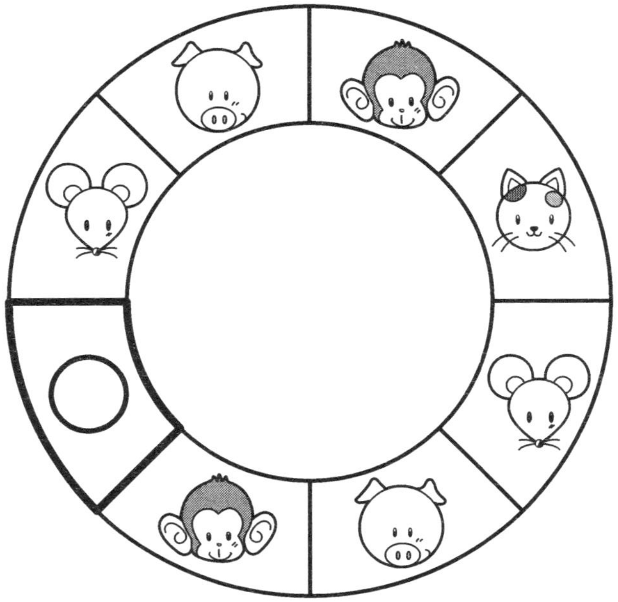

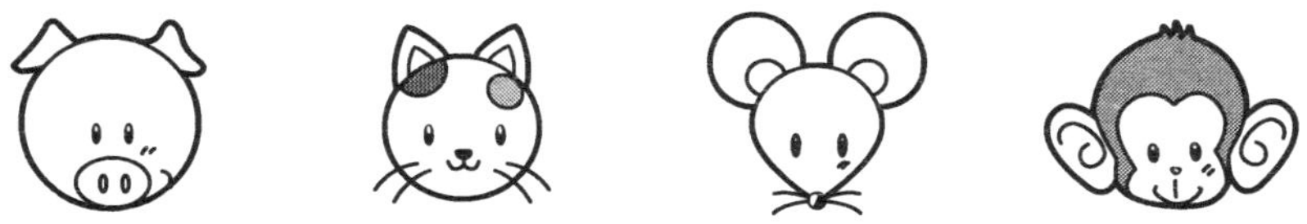

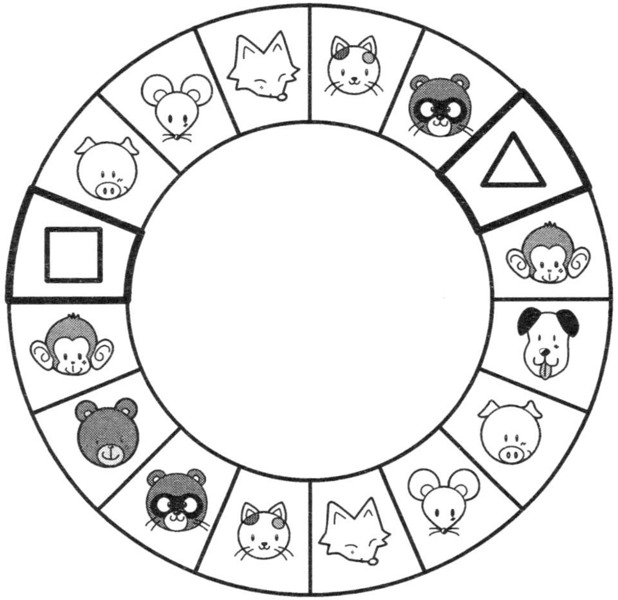

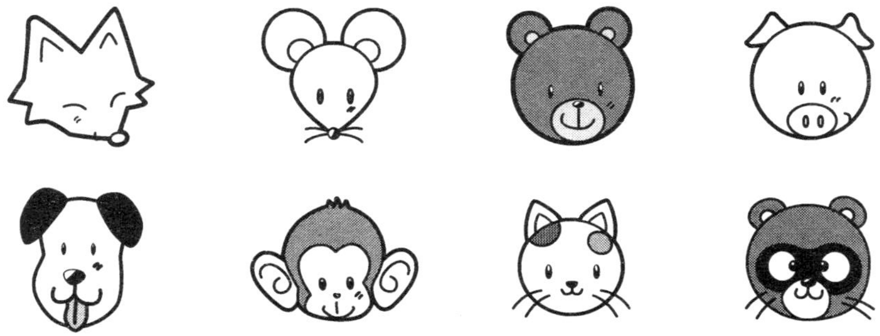

2024年度 東京都市大付 過去 無断複製／転載を禁ずる

日本学習図書株式会社

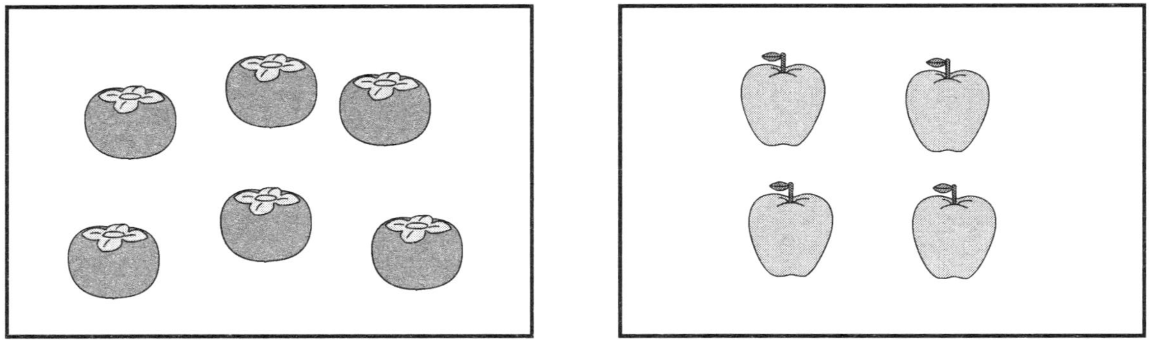

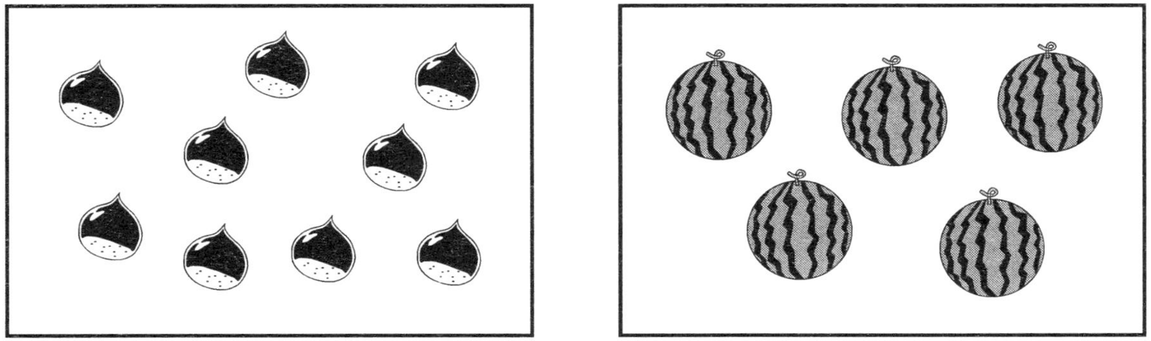

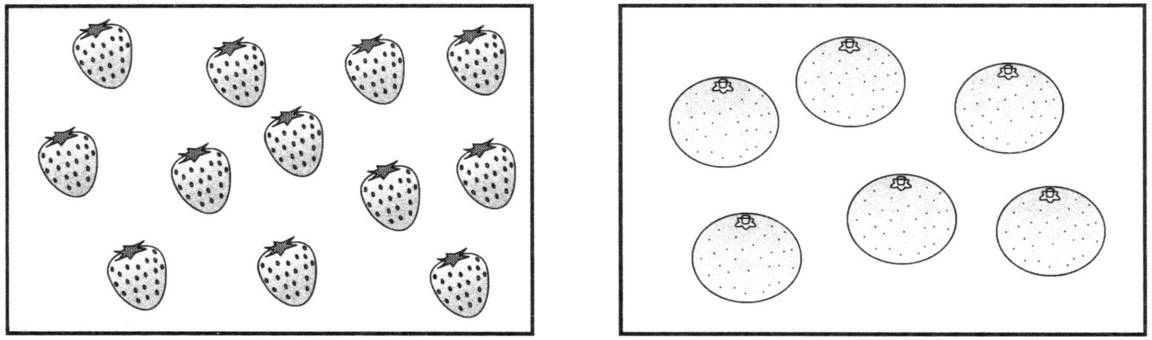

① ② ③

2024年度 東京都市大付 過去 無断複製／転載を禁ずる 日本学習図書株式会社

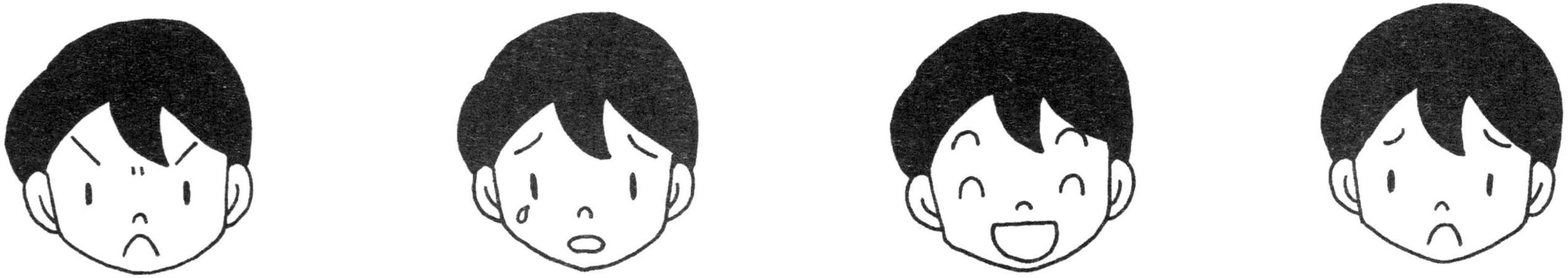

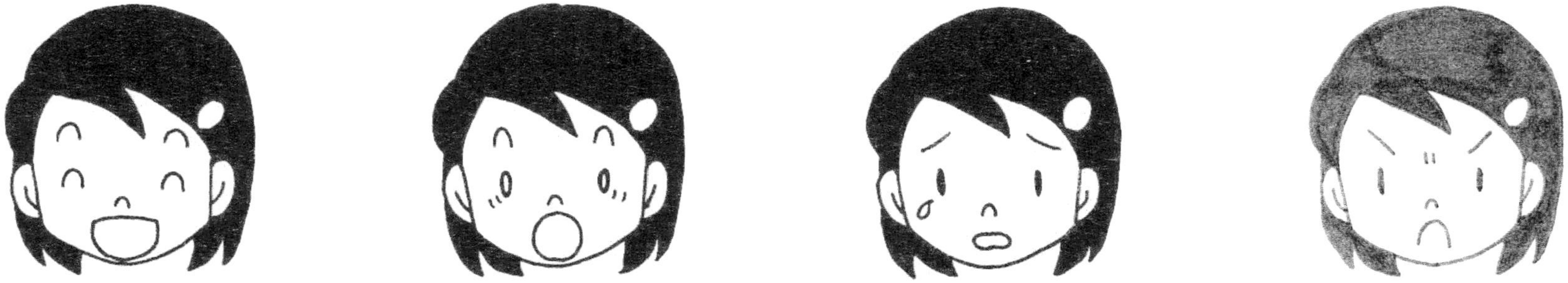

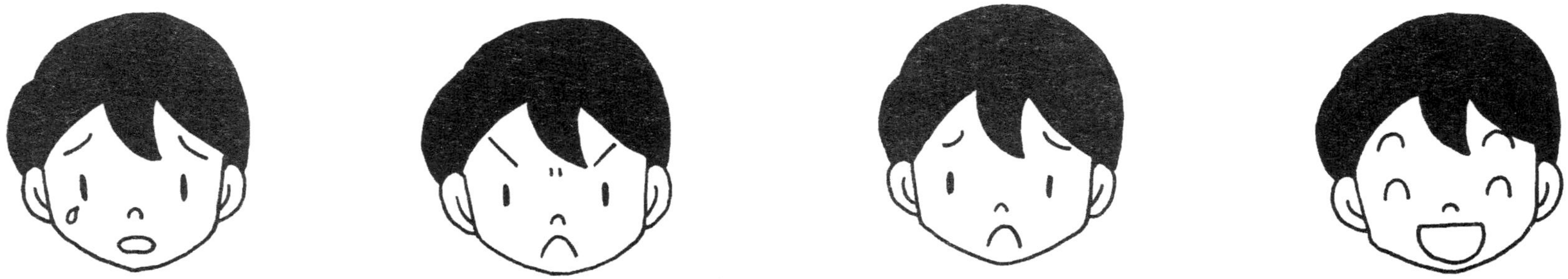

問題３７

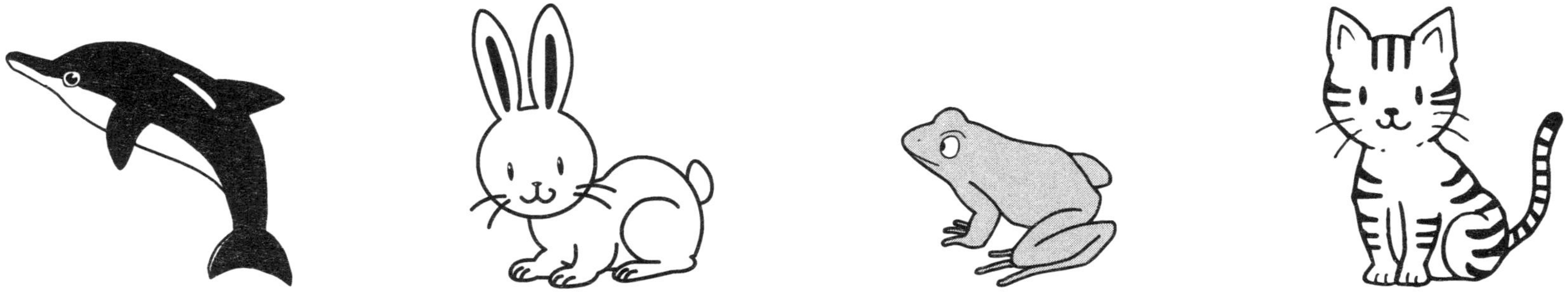

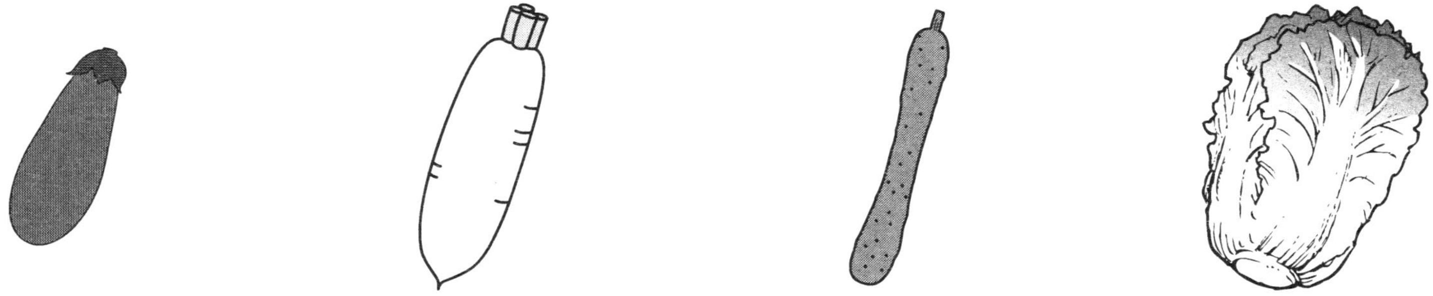

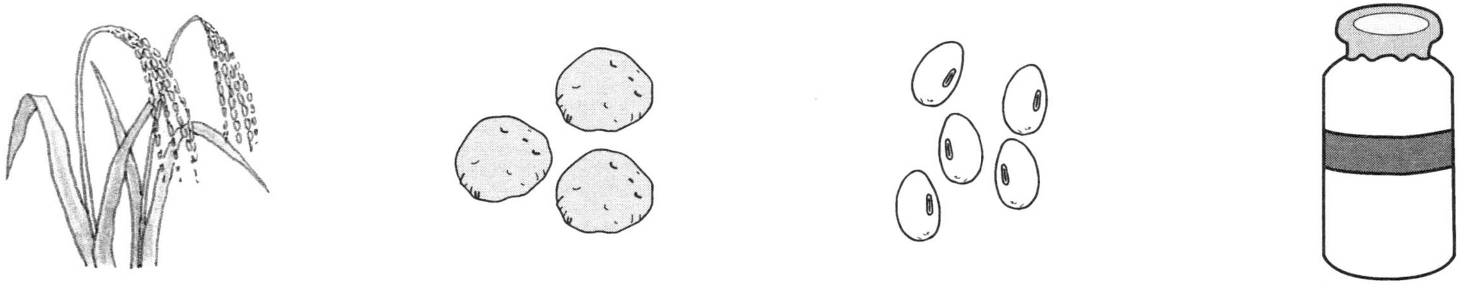

問題３８

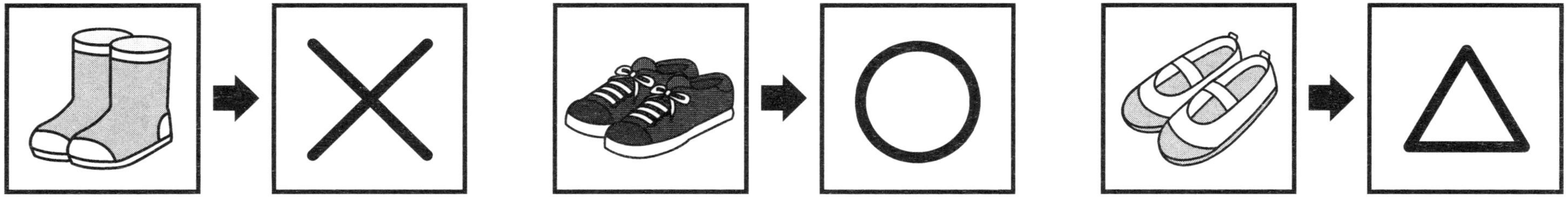

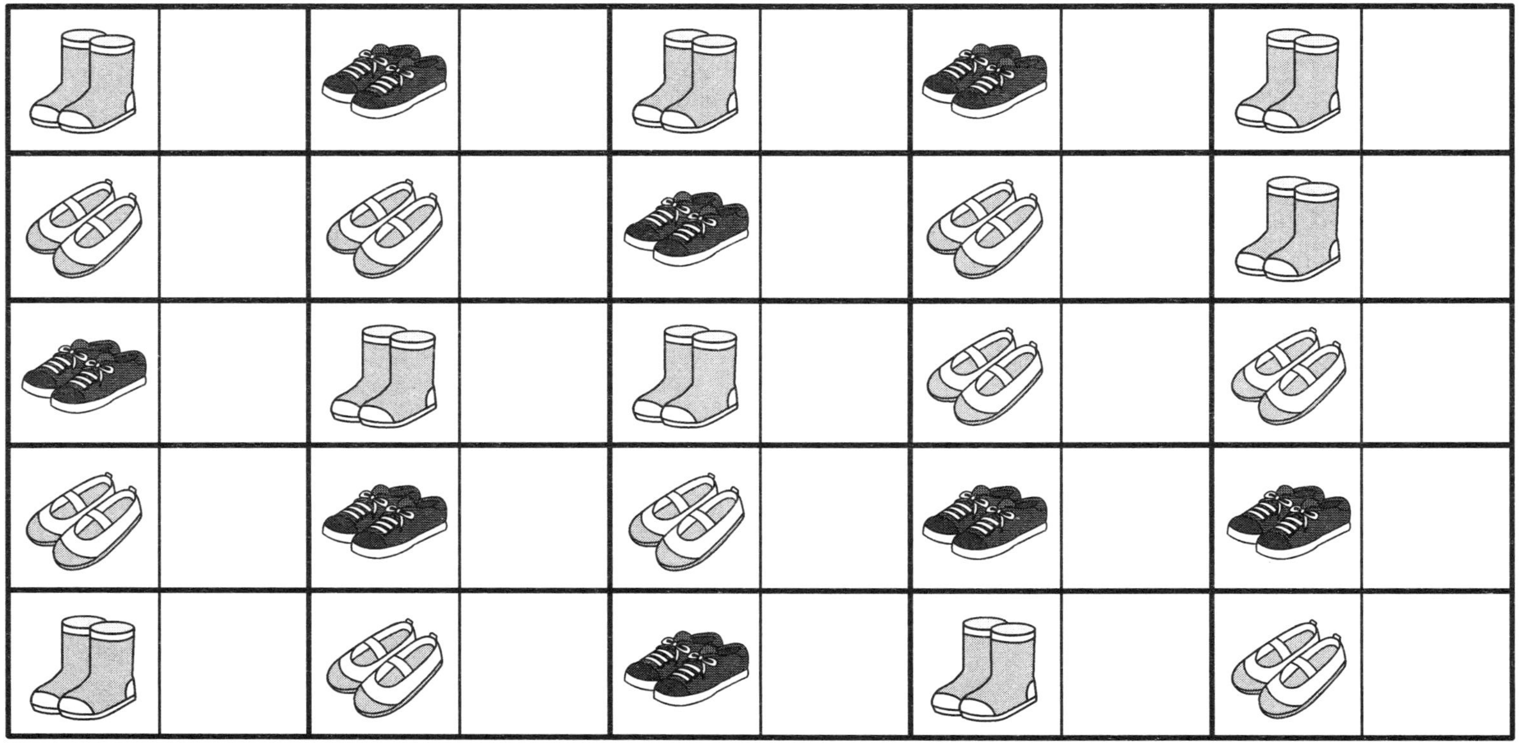

無断複製／転載を禁ずる

日本学習図書株式会社

問題３９

①

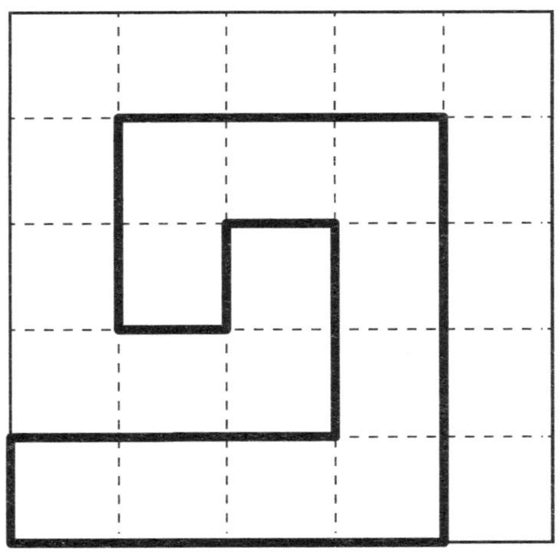

②

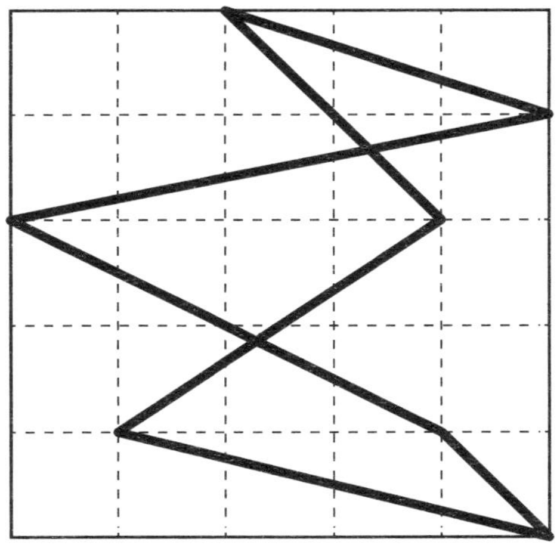

③

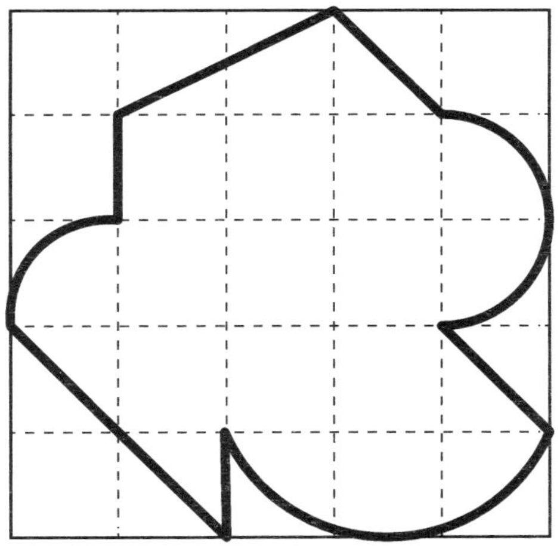

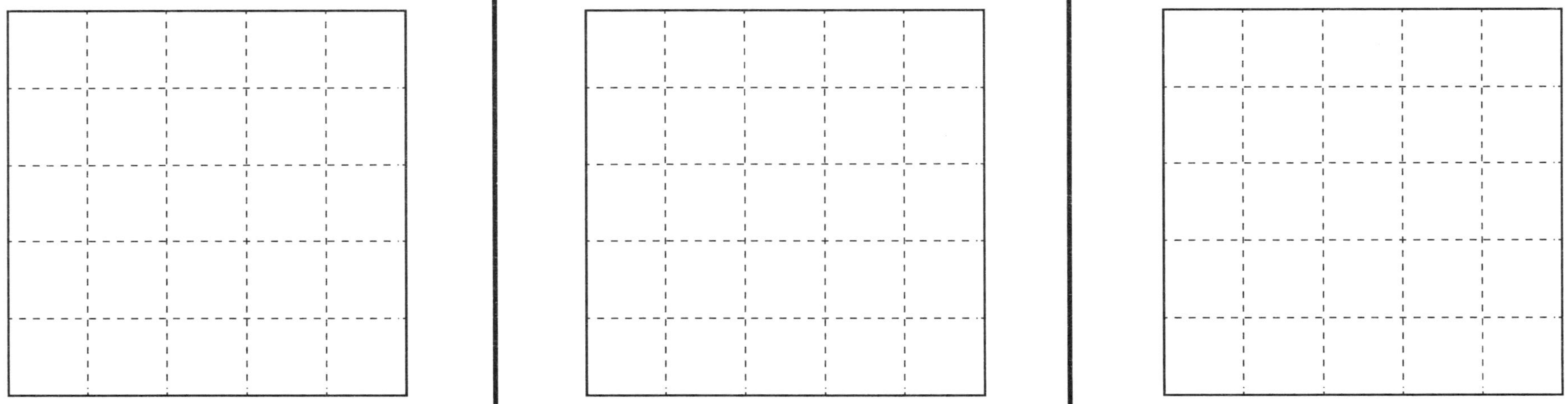

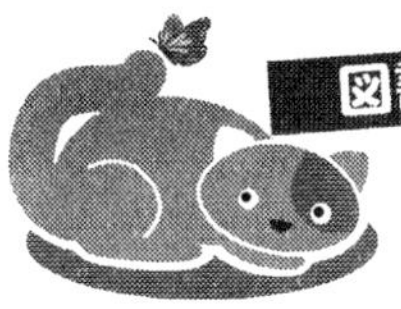

図書カード1000円分プレゼント

ご記入日　令和　　年　　月　　日

☆国・私立小学校受験アンケート☆

※可能な範囲でご記入下さい。選択肢は○で囲んで下さい。

〈小学校名〉＿＿＿＿＿＿＿＿＿＿　〈お子さまの性別〉男・女　〈誕生月〉＿＿月

〈その他の受験校〉（複数回答可）＿＿＿＿＿＿＿＿＿＿＿＿＿＿＿＿

〈受験日〉①：＿＿月＿＿日　〈時間〉＿＿時＿＿分　～　＿＿時＿＿分

②：＿＿月＿＿日　〈時間〉＿＿時＿＿分　～　＿＿時＿＿分

〈受験者数〉男女計＿＿名（男子＿＿名　女子＿＿名）

〈お子さまの服装〉＿＿＿＿＿＿＿＿＿＿＿＿＿＿＿＿

〈入試全体の流れ〉（記入例）準備体操→行動観察→ペーパーテスト

＿＿＿＿＿＿＿＿＿＿＿＿＿＿＿＿＿＿＿＿＿＿＿＿

Eメールによる情報提供

日本学習図書では、Eメールでも入試情報を募集しております。

下記のアドレスに、アンケートの内容をご入力の上、メールをお送り下さい。

ojuken@nichigaku.jp

●行動観察　（例）好きなおもちゃで遊ぶ・グループで協力するゲームなど

〈実施日〉＿＿月＿＿日　〈時間〉＿＿時＿＿分　～　＿＿時＿＿分　〈着替え〉□有　□無

〈出題方法〉□肉声　□録音　□その他（　　　　　）　〈お手本〉□有　□無

〈試験形態〉□個別　□集団（　　　人程度）　〈会場図〉

〈内容〉

□自由遊び

＿＿＿＿＿＿＿＿＿＿＿＿＿＿＿＿

□グループ活動

＿＿＿＿＿＿＿＿＿＿＿＿＿＿＿＿

□その他

＿＿＿＿＿＿＿＿＿＿＿＿＿＿＿＿

●運動テスト（有・無）　（例）跳び箱・チームでの競争など

〈実施日〉＿＿月＿＿日　〈時間〉＿＿時＿＿分　～　＿＿時＿＿分　〈着替え〉□有　□無

〈出題方法〉□肉声　□録音　□その他（　　　　　）　〈お手本〉□有　□無

〈試験形態〉□個別　□集団（　　　人程度）　〈会場図〉

〈内容〉

□サーキット運動

□走り　□跳び箱　□平均台　□ゴム跳び

□マット運動　□ボール運動　□なわ跳び

□クマ歩き

□グループ活動＿＿＿＿＿＿＿＿＿＿＿＿

□その他＿＿＿＿＿＿＿＿＿＿＿＿

●知能テスト・口頭試問

〈実施日〉　＿＿月＿＿日　**〈時間〉**　＿＿時＿＿分　～　＿＿時＿＿分　**〈お手本〉**□有　□無

〈出題方法〉　□肉声　□録音　□その他（　　　　　）　**〈問題数〉**　＿＿枚　＿＿問

分野	方法	内　　容	詳　細・イ　ラ　ス　ト
（例） お話の記憶	☑筆記 □口頭	動物たちが待ち合わせをする話	（あらすじ） 動物たちが待ち合わせをした。最初にウサギさんが来た。次にイヌくんが、その次にネコさんが来た。最後にタヌキくんが来た。 （問題・イラスト） ３番目に来た動物は誰か 
お話の記憶	□筆記 □口頭		（あらすじ） （問題・イラスト）
図形	□筆記 □口頭		
言語	□筆記 □口頭		
常識	□筆記 □口頭		
数量	□筆記 □口頭		
推理	□筆記 □口頭		
その他	□筆記 □口頭		

日本学習図書株式会社

●制作 （例）ぬり絵・お絵かき・工作遊びなど

〈実施日〉＿＿月＿＿日 〈時間〉＿＿時＿＿分 ～ ＿＿時＿＿分

〈出題方法〉 □肉声 □録音 □その他（　　　　　　） 〈お手本〉□有 □無

〈試験形態〉 □個別 □集団（　　　　人程度）

材料・道具	制作内容
□ハサミ	□切る □貼る □塗る □ちぎる □結ぶ □描く □その他（　　　　）
□のり（□つぼ □液体 □スティック）	タイトル：＿＿＿＿＿＿＿＿
□セロハンテープ	
□鉛筆 □クレヨン（　色）	
□クーピーペン（　色）	
□サインペン（　色）□	
□画用紙（□ A4 □ B4 □ A3	
□その他：　　　　　）	
□折り紙 □新聞紙 □粘土	
□その他（　　　　　）	

●面接

〈実施日〉＿＿月＿＿日 〈時間〉＿＿時＿＿分 ～ ＿＿時＿＿分 〈面接担当者〉＿＿＿名

〈試験形態〉 □志願者のみ（　　）名 □保護者のみ □親子同時 □親子別々

〈質問内容〉

□志望動機 □お子さまの様子

□家庭の教育方針

□志望校についての知識・理解

□その他（　　　　　　　　　　　　）

（ 詳 細 ）

・

・

・

・

※試験会場の様子をご記入下さい。

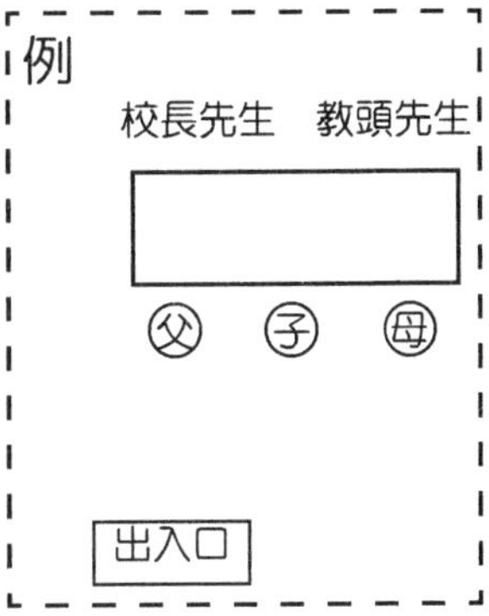

●保護者作文・アンケートの提出（有・無）

〈提出日〉 □面接直前 □出願時 □志願者考査中 □その他（　　　　　　　　）

〈下書き〉 □有 □無

〈アンケート内容〉

（記入例）当校を志望した理由はなんですか（150字）

日本学習図書株式会社

●**説明会**（□有　□無）〈開催日〉＿＿月＿＿日〈時間〉＿＿時＿＿分＿＿～＿＿時＿＿分

〈上履き〉　□要　□不要　〈願書配布〉　□有　□無　〈校舎見学〉　□有　□無

〈ご感想〉

●**参加された学校行事**（複数回答可）

公開授業〈開催日〉＿＿月＿＿日〈時間〉＿＿時＿＿分＿＿～＿＿時＿＿分

運動会など〈開催日〉＿＿月＿＿日〈時間〉＿＿時＿＿分＿＿～＿＿時＿＿分

学習発表会・音楽会など〈開催日〉＿＿月＿＿日〈時間〉＿＿時＿＿分＿＿～＿＿時＿＿分

〈ご感想〉

※是非参加したほうがよいと感じた行事について

●**受験を終えてのご感想、今後受験される方へのアドバイス**

※対策学習（重点的に学習しておいた方がよい分野）、当日準備しておいたほうがよい物など

＊＊＊＊＊＊＊＊＊＊＊＊＊　ご記入ありがとうございました　＊＊＊＊＊＊＊＊＊＊＊＊＊

必要事項をご記入の上、ポストにご投函ください。

なお、本アンケートの送付期限は入試終了後３ヶ月とさせていただきます。また、入試に関する情報の記入量が当社の基準に満たない場合、謝礼の送付ができないことがございます。あらかじめご了承ください。

ご住所：〒＿＿＿＿＿＿＿＿＿＿＿＿＿＿＿＿

お名前：＿＿＿＿＿＿＿＿＿＿　メール：＿＿＿＿＿＿＿＿＿＿

ＴＥＬ：＿＿＿＿＿＿＿＿＿＿　ＦＡＸ：＿＿＿＿＿＿＿＿＿＿

アンケートのご記入
ありがとうございました

ご記入頂いた個人に関する情報は、当社にて厳重に管理致します。弊社の個人情報取り扱いに関する詳細は、www.nichigaku.jp/policy.php の「個人情報の取り扱い」をご覧下さい。

分野別 小学入試練習帳 ジュニアウォッチャー

1. 点・線図形	小学校入試で出題頻度の高い『点・線図形』の模写を、難易度の低いものから段階別に幅広く練習することができるように構成。
2. 座標	図形の位置模写という作業を、難易度の低いものから段階別に練習できるように構成。
3. パズル	様々なパズルの問題を難易度の低いものから段階別に練習できるように構成。
4. 同図形探し	小学校入試で出題頻度の高い、同図形選びの問題を繰り返し練習できるように構成。
5. 回転・展開	図形などを回転、または展開したとき、形がどのように変化するかを学習し、理解を深められるように構成。
6. 系列	数、図形などの様々な系列問題を、難易度の低いものから段階別に練習できるように構成。
7. 迷路	迷路の問題を繰り返し練習できるように構成。
8. 対称	対称に関する問題を4つのテーマに分類し、各テーマごとに問題を段階別に練習できるように構成。
9. 合成	図形の合成に関する問題を、難易度の低いものから段階別に練習できるように構成。
10. 四方からの観察	もの（立体）を様々な角度から見て、どのように見えるかを推理する問題を段階別に整理し、1つの形式で複数の問題を練習できるように構成。
11. いろいろな仲間	ものや動物、植物の共通点を見つけ、分類していく問題を中心に構成。
12. 日常生活	日常生活における様々な問題を6つのテーマに分類し、各テーマごとに一つの問題形式で複数の問題を練習できるように構成。
13. 時間の流れ	『時間』に着目し、様々なものごとは、時間が経過するとどのように変化するのかということを学習し、理解できるように構成。
14. 数える	様々なものを『数える』ことから、数の多少の判定やかけ算、わり算の基礎までを練習できるように構成。
15. 比較	比較に関する問題を5つのテーマ（数、高さ、長さ、量、重さ）に分類し、各テーマごとに問題を段階別に練習できるように構成。
16. 積み木	数える対象を積み木に限定した問題集。
17. 言葉の音遊び	言葉の音に関する問題を5つのテーマに分類し、各テーマごとに問題を段階別に練習できるように構成。
18. いろいろな言葉	表現力をより豊かにするいろいろな言葉として、擬態語や擬声語、同音異義語、反意語、数詞を取り上げた問題集。
19. お話の記憶	お話を聴いてその内容を記憶、理解し、設問に答える形式の問題集。
20. 見る記憶・聴く記憶	「見て憶える」「聴いて憶える」という『記憶』分野に特化した問題集。
21. お話作り	いくつかの絵を元にしてお話を作る練習をして、想像力を養うことができるように構成。
22. 想像画	描かれてある形や景色に好きな絵を描くことにより、想像力を養うことができるように構成。
23. 切る・貼る・塗る	小学校入試で出題頻度の高い、はさみやのりなどを用いた巧緻性の問題を繰り返し練習できるように構成。
24• 絵画	小学校入試で出題頻度の高い、お絵かきやぬり絵などクレヨンやクーピーペンを用いた巧緻性の問題を繰り返し練習できるように構成。
25. 生活巧緻性	小学校入試で出題頻度の高い日常生活の様々な場面における巧緻性の問題集。
26. 文字・数字	ひらがなの清音、濁音、拗音、拗長音、促音と1～20までの数字に焦点を絞り、練習できるように構成。
27. 理科	小学校入試で出題頻度が高くなりつつある理科の問題を集めた問題集。
28. 運動	出題頻度の高い運動問題を種目別に分けて構成。
29. 行動観察	項目ごとに問題提起をし、「このような時はどうか、あるいはどう対処するのか」の観点から問いかける形式の問題集。
30. 生活習慣	学校から家庭に提起された問題と思って、一問一問絵を見ながら話し合い、考える形式の問題集。
31. 推理思考	数、量、言語、常識（含理科、一般）など、諸々のジャンルから問題を構成し、近年の小学校入試問題傾向に沿って構成。
32. ブラックボックス	箱や筒の中を通ると、どのようなお約束でどのように変化するかを推理・思考する問題集。
33. シーソー	重さの違うものをシーソーに乗せた時どちらに傾くのか、またどうすればシーソーは釣り合うのかを思考する基礎的な問題集。
34. 季節	様々な行事や植物などを季節別に分類できるように知識をつける問題集。
35. 重ね図形	小学校入試で頻繁に出題されている「図形を重ね合わせてできる形」についての問題を集めました。
36. 同数発見	様々な物を数え「同じ数」を発見し、数の多少の判断や数の認識の基礎を学べるように構成した問題集。
37. 選んで数える	数の学習の基本となる、いろいろなものの数を正しく数える学習を行う問題集。
38. たし算・ひき算1	数字を使わず、たし算とひき算の基礎を身につけるための問題集。
39. たし算・ひき算2	数字を使わず、たし算とひき算の基礎を身につけるための問題集。
40. 数を分ける	数を等しく分ける問題です。等しく分けたときに余りが出るものもあります。
41. 数の構成	ある数がどのような数で構成されているか学んでいきます。
42. 一対多の対応	一対一の対応から、一対多の対応まで、かけ算の考え方の基礎学習を行います。
43. 数のやりとり	あげたり、もらったり、数の変化をしっかりと学びます。
44. 見えない数	指定された条件から数を導き出します。
45. 図形分割	図形の分割に関する問題集。パズルや合成の分野にも通じる様々な問題を集めました。
46. 回転図形	「回転図形」に関する問題集。やさしい問題から始め、いくつかの代表的なパターンから、段階を踏んで学習できるよう編集されています。
47. 座標の移動	「マス目の指示通りに移動する問題」と「指示された数だけ移動する問題」を収録。
48. 鏡図形	鏡で左右反転させた時の見え方を考えます。平面図形から立体図形、文字、絵まで。
49. しりとり	すべての学習の基礎となる「言葉」を学ぶこと、特に「語彙」を増やすことに重点をおき、さまざまなタイプの「しりとり」問題を集めました。
50. 観覧車	観覧車やメリーゴーラウンドなどを舞台にした「回転系列」の問題集。「推理思考」分野の問題ですが、要素として「図形」や「数量」も含みます。
51. 運筆①	鉛筆の持ち方を学び、点線なぞり、お手本を見ながらの模写で、線を引く練習をします。
52. 運筆②	運筆①からさらに発展し、「欠所補完」や「迷路」などを楽しみながら、より複雑な鉛筆運びを習得することを目指します。
53. 四方からの観察 積み木編	積み木を使用した「四方からの観察」に関する問題を練習できるように構成。
54. 図形の構成	見本の図形がどのような部分によって形づくられているかを考えます。
55. 理科②	理科的知識に関する問題を集中して練習する「常識」分野の問題集。
56. マナーとルール	道路や駅、公共の場でのマナー、安全や衛生に関する常識を学べるように構成。
57. 置き換え	さまざまな具体的・抽象的事象を記号で表す「置き換え」の問題を扱います。
58. 比較②	長さ・高さ・体積・数などを数学的な知識を使わず、論理的に推測する「比較」の問題を練習できるように構成。
59. 欠所補完	線と線のつながり、欠けた絵に当てはまるものなどを求める「欠所補完」に取り組める問題集です。
60. 言葉の音（おん）	しりとり、決まった順番の音をつなげるなど、「言葉の音」に関する問題に取り組める練習問題集です。

◆◆ニチガクのおすすめ問題集◆◆

より充実した家庭学習を目指し、ニチガクではさまざまな問題集をとりそろえております!!

サクセスウォッチャーズ（全18巻）

①〜⑱
本体各¥2,200＋税

全９分野を「基礎必修編」「実力アップ編」の２巻でカバーした、合計18冊。

各巻80問と豊富な問題数に加え、他の問題集では掲載していない詳しいアドバイスが、お子さまを指導する際に役立ちます。

各ページが、すぐに使えるミシン目付き。本番を意識したドリルワークが可能です。

ジュニアウォッチャー（既刊60巻）

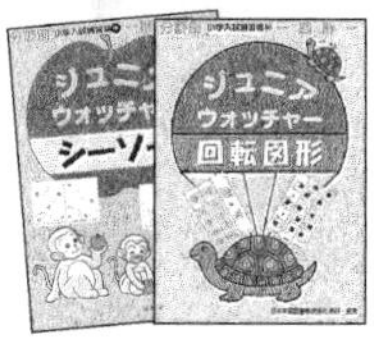

①〜⑥⓪（以下続刊）
本体各¥1,500＋税

入試出題頻度の高い９分野を、さらに60の項目にまで細分化。基礎学習に最適のシリーズ。

苦手分野におけるつまずきを、効率よく克服するための60冊です。

ポイントが絞られているため、無駄なく高い効果を得られます。

国立・私立NEWウォッチャーズ

言語／理科／図形／記憶
常識／数量／推理
本体各¥2,000＋税

シリーズ累計発行部数40万部以上を誇る大ベストセラー「ウォッチャーズシリーズ」の趣旨を引き継ぐ新シリーズ!!

実際に出題された過去問の「類題」を32問掲載。全問に「解答のポイント」付きだから家庭学習に最適です。「ミシン目」付き切り離し可能なプリント学習タイプ！

実践 ゆびさきトレーニング①・②・③

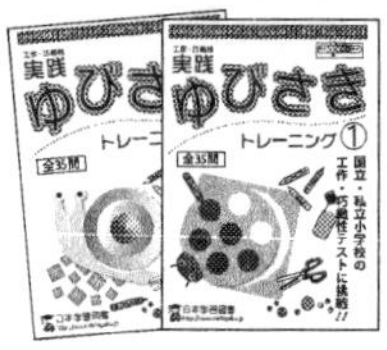

本体各¥2,500＋税

制作問題に特化した一冊。有名校が実際に出題した類似問題を35問掲載。

様々な道具の扱い（はさみ・のり・セロハンテープの使い方）から、手先・指先の訓練（ちぎる・貼る・塗る・切る・結ぶ）、また、表現することの楽しさも経験できる問題集です。

お話の記憶・読み聞かせ

［お話の記憶問題集］
中級／上級編
本体各¥2,000＋税

初級／過去類似編／ベスト30
本体各¥2,600＋税

１話５分の読み聞かせお話集①・②、入試実践編①
本体各¥1,800＋税

あらゆる学習に不可欠な、語彙力・集中力・記憶力・理解力・想像力を養うと言われているのが「お話の記憶」分野の問題。問題集は全問アドバイス付き。

分野別 苦手克服シリーズ（全６巻）

図形／数量／言語／
常識／記憶／推理
本体各¥2,000＋税

数量・図形・言語・常識・記憶の６分野。アンケートに基づいて、多くのお子さまがつまづきやすい苦手問題を、それぞれ40問掲載しました。

全問アドバイス付きですので、ご家庭において、そのつまづきを解消するためのプロセスも理解できます。

運動テスト・ノンペーパーテスト問題集

新 運動テスト問題集
本体¥2,200＋税

新 ノンペーパーテスト問題集
本体¥2,600＋税

ノンペーパーテストは国立・私立小学校で幅広く出題される、筆記用具を使用しない分野の問題を全40問掲載。

運動テスト問題集は運動分野に特化した問題集です。指示の理解や、ルールを守る訓練など、ポイントを押さえた学習に最適。全35問掲載。

口頭試問・面接テスト問題集

新 口頭試問・個別テスト問題集
本体¥2,500＋税

面接テスト問題集
本体¥2,000＋税

口頭試問は、主に個別テストとして口頭で出題解答を行うテスト形式。面接は、主に「考え」やふだんの「あり方」をたずねられるものです。

口頭で答える点は同じですが、内容は大きく異なります。想定する質問内容や答え方の幅を広げるために、どちらも手にとっていただきたい問題集です。

小学校受験 厳選難問集　①・②

本体各¥2,600＋税

実際に出題された入試問題の中から、難易度の高い問題をピックアップし、アレンジした問題集。応用問題への挑戦は、基礎の理解度を測るだけでなく、お子さまの達成感・知的好奇心を触発します。

①は数量・図形・推理・言語、②は位置・常識・比較・記憶分野の難問を掲載。それぞれ40問。

国立小学校　対策問題集

国立小学校入試問題Ａ・Ｂ・Ｃ（全３巻）本体各¥3,282＋税

新 国立小学校直前集中講座
本体¥3,000＋税

国立小学校頻出の問題を厳選。細かな指導方法やアドバイスが掲載してあり、効率的な学習が進められます。「総集編」は難易度別にＡ〜Ｃの３冊。付録のレーダーチャートにより得意・不得意を認識でき、国立小学校受験対策に最適です。入試直前の対策には「新 直前集中講座」！

おうちでチャレンジ①・②

本体各¥1,800＋税

関西最大級の模擬試験である小学校受験標準テストのペーパー問題を編集した実力養成に最適な問題集。延べ受験者数10,000人以上のデータを分析しお子さまの習熟度・到達度を一目で判別。

保護者必読の特別アドバイス収録！

Q＆Aシリーズ

『小学校受験で知っておくべき125のこと』
『小学校受験に関する保護者の悩みＱ＆Ａ』
『新 小学校受験の入試面接Ｑ＆Ａ』
『新 小学校受験 願書・アンケート文例集500』
本体各¥2,600＋税
『小学校受験のための
願書の書き方から面接まで』
本体¥2,500＋税

「知りたい！」「聞きたい！」「こんな時どうすれば…？」そんな疑問や悩みにお答えする、オススメの人気シリーズです。

書籍についてのご注文・お問い合わせ
☎ 03-5261-8951

http://www.nichigaku.jp
※ご注文方法、書籍についての詳細は、Webサイトをご覧ください。

日本学習図書　検索

『読み聞かせ』×『質問』=『聞く力』

お話の記憶の練習に最適

1話5分の
読み聞かせお話集①②

「アラビアン・ナイト」「アンデルセン童話」「イソップ寓話」「グリム童話」、日本や各国の民話、昔話、偉人伝の中から、教育的な物語や、過去に小学校入試でも出題された有名なお話を中心に掲載。お話ごとに、内容に関連したお子さまへの質問も掲載しています。「読み聞かせ」を通して、お子さまの『聞く力』を伸ばすことを目指します。

①巻・②巻　各48話

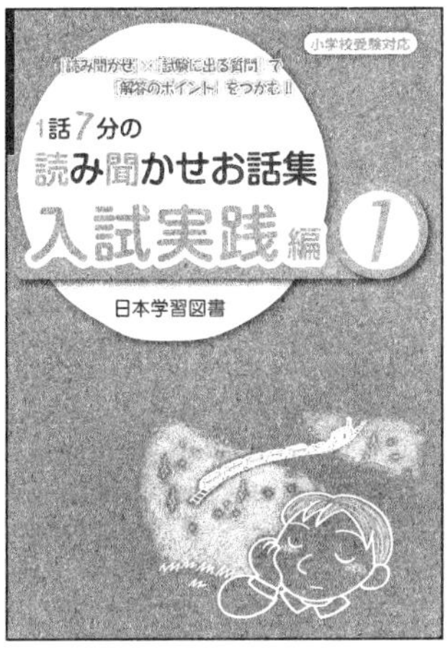

1話7分の読み聞かせお話集
入試実践編①

国立・私立小学校受験対応

最長1,700文字の長文のお話を掲載。有名でない=「聞いたことのない」お話を聞くことで、『集中力』のアップを目指します。設問も、実際の試験を意識した設問としています。ペーパーテスト実施校の多くが「お話の記憶」の問題を出題します。毎日の「読み聞かせ」と「試験に出る質問」で、「解答のポイント」をつかんで臨みましょう！

50話収録

ニチガクの　この5冊で受験準備も万全！

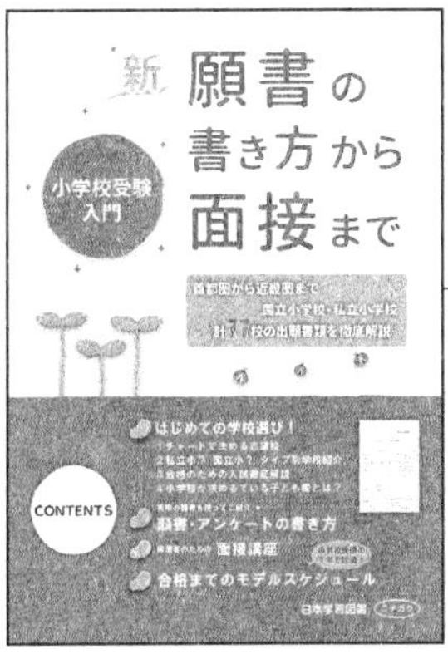

小学校受験入門
願書の書き方から面接まで　リニューアル版

主要私立・国立小学校の願書・面接内容を中心に、学校選びや入試の分野傾向、服装コーディネート、持ち物リスト なども網羅し、受験準備全体をサポートします。

小学校受験で
知っておくべき125のこと

小学校受験の基本から怪しい「ウワサ」まで、保護者の方々からの 125 の質問にていねいに解答。目からウロコのお受験本。

新　小学校受験の
入試面接Q＆A　リニューアル版

過去十数年に遡り、面接での質問内容を網羅。小学校別、父親・母親・志願者別、さらに学校のこと・志望動機・お子さまについてなど分野ごとに模範解答例やアドバイスを掲載。

新　願書・アンケート
文例集500　リニューアル版

有名私立小、難関国立小の願書やアンケートに記入するための適切な文例を、質問の項目別に収録。合格を掴むためのヒントが満載！願書を書く前に、ぜひ一度お読みください。

小学校受験に関する
保護者の悩みQ＆A

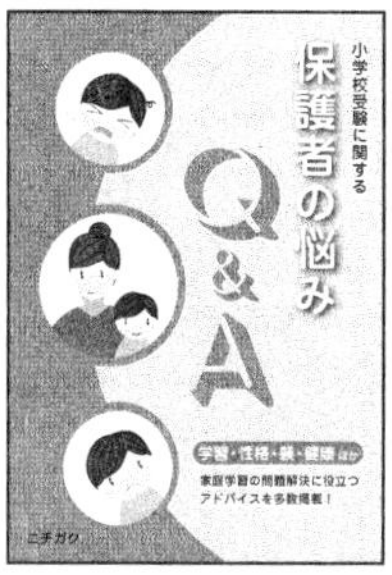

保護者の方約 1,000 人に、学習・生活・躾に関する悩みや問題を取材。その中から厳選した 200 例以上の悩みに、「ふだんの生活」と「入試直前」のアドバイス ２本立てで悩みを解決。

日本学習図書株式会社

東京都市大学付属小学校　専用注文書

年　　月　　日

合格のための問題集ベスト・セレクション

＊入試頻出分野ベスト３

1st　お話の記憶　集中力　聞く力

2nd　常　識　知　識　公　共

3rd　口頭試問　聞く力　話す力

ペーパーテスト・口頭試問ではマナー・常識に関する出題がされています。年齢相応のマナー・常識は身に付けておきましょう。図形、巧緻性の問題も学力の基礎があれば解ける問題です。基礎レベルなので、どのお子さまも解答してきます。１つひとつの問題を間違えないように集中していきましょう。

分野	書　名	価格(税込)	注文	分野	書　名	価格(税込)	注文
図形	Ｊｒ・ウォッチャー 6「系列」	1,650円	冊	数量	Ｊｒ・ウォッチャー 43「数のやりとり」	1,650円	冊
常識	Ｊｒ・ウォッチャー 11「いろいろな仲間」	1,650円	冊	巧緻性	Ｊｒ・ウォッチャー 51「運筆①」	1,650円	冊
図形	Ｊｒ・ウォッチャー 15「比較」	1,650円	冊	巧緻性	Ｊｒ・ウォッチャー 52「運筆②」	1,650円	冊
推理	Ｊｒ・ウォッチャー 16「積み木」	1,650円	冊	常識	Ｊｒ・ウォッチャー 55「理科②」	1,650円	冊
常識	Ｊｒ・ウォッチャー 17「言葉の音遊び」	1,650円	冊	巧緻性	Ｊｒ・ウォッチャー 57「置き換え」	1,650円	冊
言語	Ｊｒ・ウォッチャー 19「お話の記憶」	1,650円	冊	巧緻性	Ｊｒ・ウォッチャー 58「比較②」	1,650円	冊
巧緻性	Ｊｒ・ウォッチャー 22「想像画」	1,650円	冊		お話の記憶　初級編	2,860円	冊
巧緻性	Ｊｒ・ウォッチャー 24「絵画」	1,650円	冊		お話の記憶　中級編	2,200円	冊
常識	Ｊｒ・ウォッチャー 27「理科」	1,650円	冊		お話の記憶　上級編	2,200円	冊
行動観察	Ｊｒ・ウォッチャー 29「行動観察」	1,650円	冊		1話5分の読み聞かせお話集①・②	1,980円	冊
常識	Ｊｒ・ウォッチャー 30「生活習慣」	1,650円	冊		実践 ゆびさきトレーニング①・②・③	2,750円	各　冊
常識	Ｊｒ・ウォッチャー 34「季節」	1,650円	冊		面接テスト問題集	2,200円	各　冊
図形	Ｊｒ・ウォッチャー 35「重ね図形」	1,650円	冊		保護者のための入試面接最強マニュアル	2,200円	冊

合計	冊	円

(フリガナ) 氏　名	電　話 ＦＡＸ E-mail
住 所　〒　　　　－	以前にご注文されたことはございますか。 有　・　無

★お近くの書店、または記載の電話・FAX・ホームページにてご注文をお受けしております。
電話：03-5261-8951　FAX：03-5261-8953　代金は書籍合計金額＋送料がかかります。
※なお、落丁・乱丁以外の理由による商品の返品・交換には応じかねます。

★ご記入頂いた個人に関する情報は、当社にて厳重に管理致します。なお、ご購入の商品発送の他に、当社発行の書籍案内、書籍に関する調査に使用させて頂く場合がございますので、予めご了承ください。

日本学習図書株式会社
http://www.nichigaku.jp

家庭学習をトータルサポート！ ニチガクのオリジナル 効果的 学習法

1 まずは アドバイスページを読む！

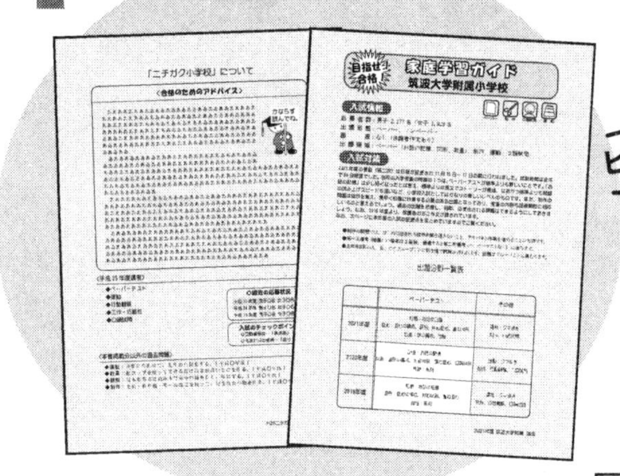

ピンク色です

対策や試験ポイントがぎっしりつまった「家庭学習ガイド」。分野アイコンで、試験の傾向をおさえよう！

2 問題をすべて読み、出題傾向を把握する

3 「学習のポイント」で学校側の観点や問題の解説を熟読

4 はじめて過去問題にチャレンジ！

5 プラスα 対策問題集や類題で力を付ける

過去問のこだわり

最新問題は問題ページ、イラストページ、解答・解説ページが独立しており、お子さまにすぐに取り掛かっていただける作りになっています。

ニチガクの学校別問題集ならではの、学習法を含めたアドバイスを利用して効率のよい家庭学習を進めてください。

各問題のジャンル

問題8 分野：図形（構成・重ね図形）

〈準 備〉 鉛筆、消しゴム

〈問 題〉 ①この形は、左の三角形を何枚使ってできていますか。その数だけ右の四角に○を書いてください。
②左の絵の一番下になっている形に○をつけてください。
③左には、透明な板に書かれた３枚の絵があります。この絵をそのまま３枚重ねると、どうなりますか。右から選んで○をつけてください。
④左には、透明な板に書かれた３枚の絵があります。この絵をそのまま３枚重ねると、どうなりますか。右から選んで○をつけてください。

〈時 間〉 各20秒

〈解 答〉 ①○４つ ②中央 ③右端 ④右端

学習のポイント

空間認識力を総合的に観ることができる問題構成といえるでしょう。これらの３問を見て、どの問題もすんなりと解くことができたでしょうか。当校の入試は、基本問題は確実に解き、難問をどれだけ正解するかで合格が近づいてきます。その観点からいうなら、この問題は全問正解したい問題に入ります。この問題も、お子さま自身に答え合わせをさせることをおすすめいたします。自分で実際に確認することでどのようになっているのか把握することが可能で、理解度が上がります。実際に操作したとき、どうなっているのか。何処がポイントになるのかなど、質問をすると、答えることが確認作業になるため、知識の習得につながります。形や条件を変え、色々な問題にチャレンジしてみましょう。

【おすすめ問題集】
Jr.ウォッチャー45「図形分割」

学習のポイント

各問題の解説や学校の観点、指導のポイントなどを教えます。
今日から保護者の方が家庭学習の先生に！

おすすめ対策問題集

分野ごとに対策問題集をご紹介。苦手分野の克服に最適です！
＊専用注文書付き。

2024年度版 東京都市大学付属小学校 過去問題集

発行日 2023年5月8日
発行所 〒162-0821 東京都新宿区津久戸町 3-11-9F
日本学習図書株式会社
電 話 03-5261-8951 ㈹

・本書の一部または全部を無断で複写転載することは禁じられています。
乱丁、落丁の場合は発行所でお取り替え致します。

ISBN978-4-7761-5492-1

C6037 ¥2000E

9784776154921

定価 2,200円
（本体 2,000円＋税 10%）

1926037020004

詳細は http://www.nichigaku.jp 日本学習図書 検索